Objectglass12

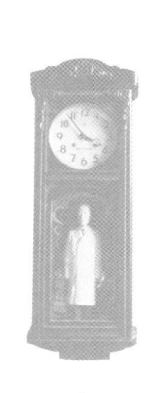

人形・写真・文　石塚公昭

構成・装幀　北村武士

偏愛する12人の作家

CONTENTS

序 9

Object glass① 澁澤龍彦 Shibusawa Tatsuhiko 10
Object glass② 稲垣足穂 Inagaki Taruho 12
Object glass③ 泉鏡花 Izumi Kyōka 14
Object glass④ 村山槐多 Muraya Kaita 16
Object glass⑤ 谷崎潤一郎 Tanizaki Junichirō 18
Object glass⑥ 中井英夫 Nakai Hideo 20
Object glass⑦ 江戸川乱歩 Edogawa Rampo 22
Object glass⑧ 永井荷風 Nagai Kafū 24
Object glass⑨ 夢野久作 Yumeno Kyūsaku 26
Object glass⑩ ジャン・コクトー Jean Cocteau 28
Object glass⑪ 寺山修司 Terayama Shūji 30
Object glass⑫ 三島由紀夫 Mishima Yukio 32

制作ノート 37

制作ノート① 澁澤龍彦 42
制作ノート② 稲垣足穂 43
制作ノート③ 泉鏡花 44
制作ノート④ 村山槐多 45
制作ノート⑤ 谷崎潤一郎 46
制作ノート⑥ 中井英夫 47
制作ノート⑦ 江戸川乱歩 48
制作ノート⑧ 永井荷風 49
制作ノート⑨ 夢野久作 50
制作ノート⑩ ジャン・コクトー 51
制作ノート⑪ 寺山修司 52
制作ノート⑫ 三島由紀夫 53

後記 ——55 TV/TVCM書籍その他 ——56 展覧会暦その他 ——58 Profile ——61

Objectglass12

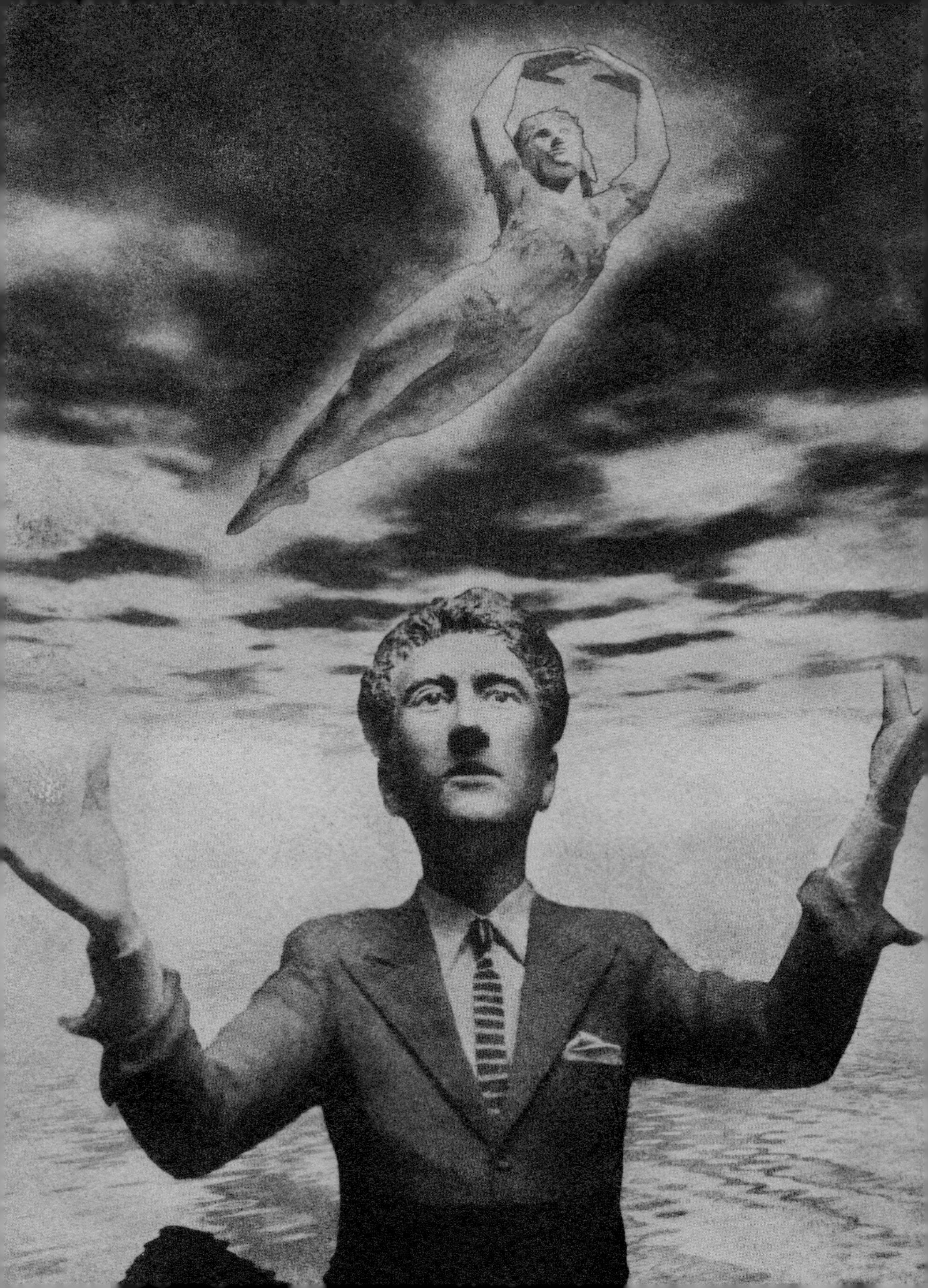

序文

　作家・文士のシリーズを発表して今年で10年になる。それ以前、ジャズやブルースをテーマに人形を制作していたが、人形の展示だけでは言い足りないものを感じ、さらに写真に撮ってみることにした。この人物が私にはこのように見え、こういうつもりで作っていると表現できるのではないかと考えたのだが、思いのほかリアルに写っており、個展会場では、被写体の人形が眼の前に展示してあるにも拘わらず、人間を撮った作品だと勘違いする人までいた。初めは喜んでいた私だが、次第に不満が募ってくる。写真が数枚しか残っておらず、十字路で悪魔と取引したなどという人物なら、私が創作する意義もあり、やりがいもあるが、ジャズマンは写真として、数々の名作が残されている。そこでツクリモノでないと表現できないものを、と考えたのが、作家本人をその作品世界の中に置いて撮影するシリーズである。当然、文壇バーや書斎の作家など作っても意味がない。そして最初に浮かんだのが、江戸川乱歩が天井裏に潜んでいる姿であった。以来、制作した作家・文士は12人。本書は私が愛読してきた12人に対するオマージュである。

Object glass①
澁澤龍彥 Shibusawa Tatsuhiko（1928～1987）

　岐阜の山中、陶磁器の量産工場に勤めていた私は、陶芸家を目指していたので、少なくともロクロがある工房で働くべきであった。しかし子供の頃から興味があることには熱中するが、そうでないことはからっきしの私は、学校ではるか年上の社会人経験者と出会い、このままでは社会に出て生きていけない、少しは我慢を覚えねば、と殊勝なことを考えたのであった。
　無遅刻、無欠勤で励んでいたある日、学校の年上の、あきらかに小悪魔テリブルタイプの娘が東京からやってきて、読めと差し出したのが桃源社の澁澤龍彥集成の中の1巻『エロティシズム』(1967)であった。これは万引きしたものだと、よけいなことまで言っていたが、彼女お手製の紙カバーで飾られていた。この時期、覚えることが多くて読書から遠ざかっていた私だが、熱を出し工場を休んだ日に読んでみた。するとたちまち目から鱗が落ちてしまった。自分が無理をしていたことに気付き、ついでに陶芸が向いていないことまで判ってしまったのである。工場では、おじさん、おばさん等と社員旅行に出かけ、わずかだがボーナスをもらい、私も案外、堅気としてやっていけるのではないかと思ったのも束の間、たった一年で元の木阿弥である。澁澤には、似合わないことしていやがると言われた気がしたのだが、何処をどう読んでそう思ったのか、後に読み返してもさっぱり判らなかった。
　結局、澁澤を読んだことがきっかけとなり、目指していた陶芸家の道から逸れてしまった私だが、人形を作り始めたこととは関係がない。ジャズやブルースばかり聴いていたので、そんなミュージシャン像をたまたま手捻りしたのがきっかけである。いずれは自分の作品を携え本人に会いに行きたかったが、作っているのがジャズマンでは仕方がない。神田の古書店にて、店主が電話で澁澤入院を小声で話しているのを耳にしたとき、また亡くなったときの気持ちは、未だに忘れることができない。後に澁澤邸にて撮影させていただいた際、もっと早く作家・文士シリーズを思い付くべきだった、と後悔したものである。

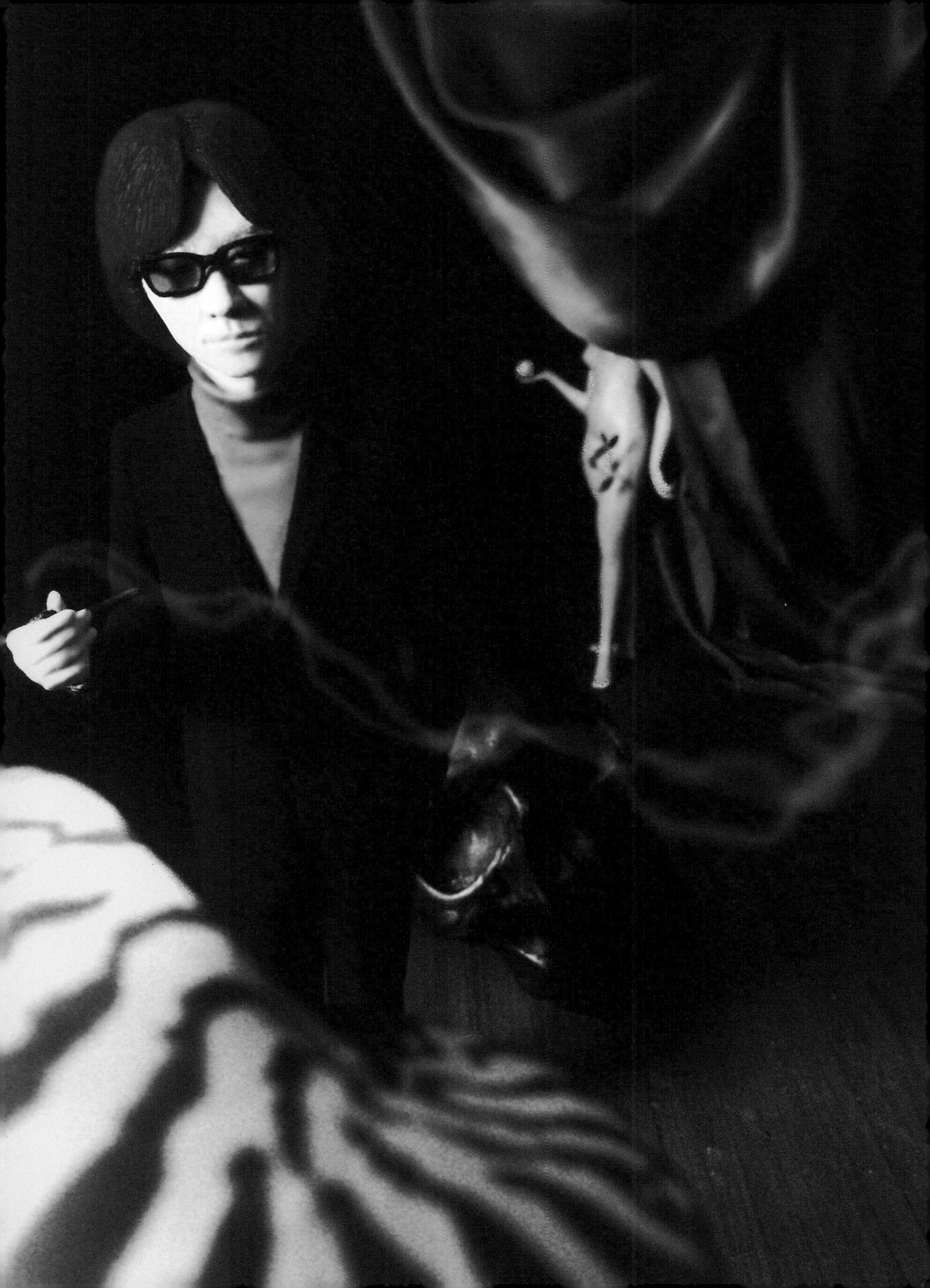

Object glass ②
稲垣足穂 Inagaki Taruho（1900〜1977）

　足穂は処女作『一千一秒物語』(1923)に対し、「私の其の後の作品は――エッセイ類も合わして――みんな最初の『一千一秒物語』の註である」と言っている。

ある夜倉庫のかげで聞いた話
「お月様が出ているね」
「あいつはブリキ製です」
「なに　ブリキ製だって？」
「ええどうせ旦那、ニッケルメッキですよ」（自分が聞いたのはこれだけ）

星を食べた話
ある晩露台に白ッぽいものが落ちていた　口へ入れると　冷たくてカルシュームみたいな味がした
何だろうと考えていると　だしぬけに街上へ突き落された　とたん　口の中から星のようなものがとび出して　尾をひいて屋根のむこうへ見えなくなってしまった
自分が敷石の上に起きた時　黄いろい窓が月下にカラカラとあざ笑っていた
（『稲垣足穂コレクション1　一千一秒物語』ちくま文庫／2005）

　子供の頃のある晩、叱られて玄関の前に立っていた。どういうわけか、浮かんだ月が立体的に見える。どう見ても地上から20メートルぐらいの所に、ボールが浮いているようにしか見えない。ずっと眺めていた。その頃は、たとえば走る電車の中でジャンプして、なんで元の場所に着地するのか？　などということのほうがよっぽど不思議だったので、友達に話すこともなかったが、今でもハッキリ憶えている。古賀春江『素朴な月夜』のような月。
　私は子供の頃から天体に対する興味はうすく、どちらかと言うと俯いて顕微鏡を覗く少年であった。地球が、わけの判らない暗い空間に浮かんでいると考えただけで不愉快だし、宇宙が物凄いスピードで膨張しているなどということも一切知りたくない。物干し台に寝ころがって夜空を眺め、ひとり物思いに耽ったことぐらいあるが、星空が逆に数千メートル下にあるように思えてきて、高所を好まない私は、何度やっても側の手すりに掴まってしまうのであった。ところが一転、イメージの世界はまったく別で、文学、絵画に限らず、月光症の作家が好きでたまらないのである。

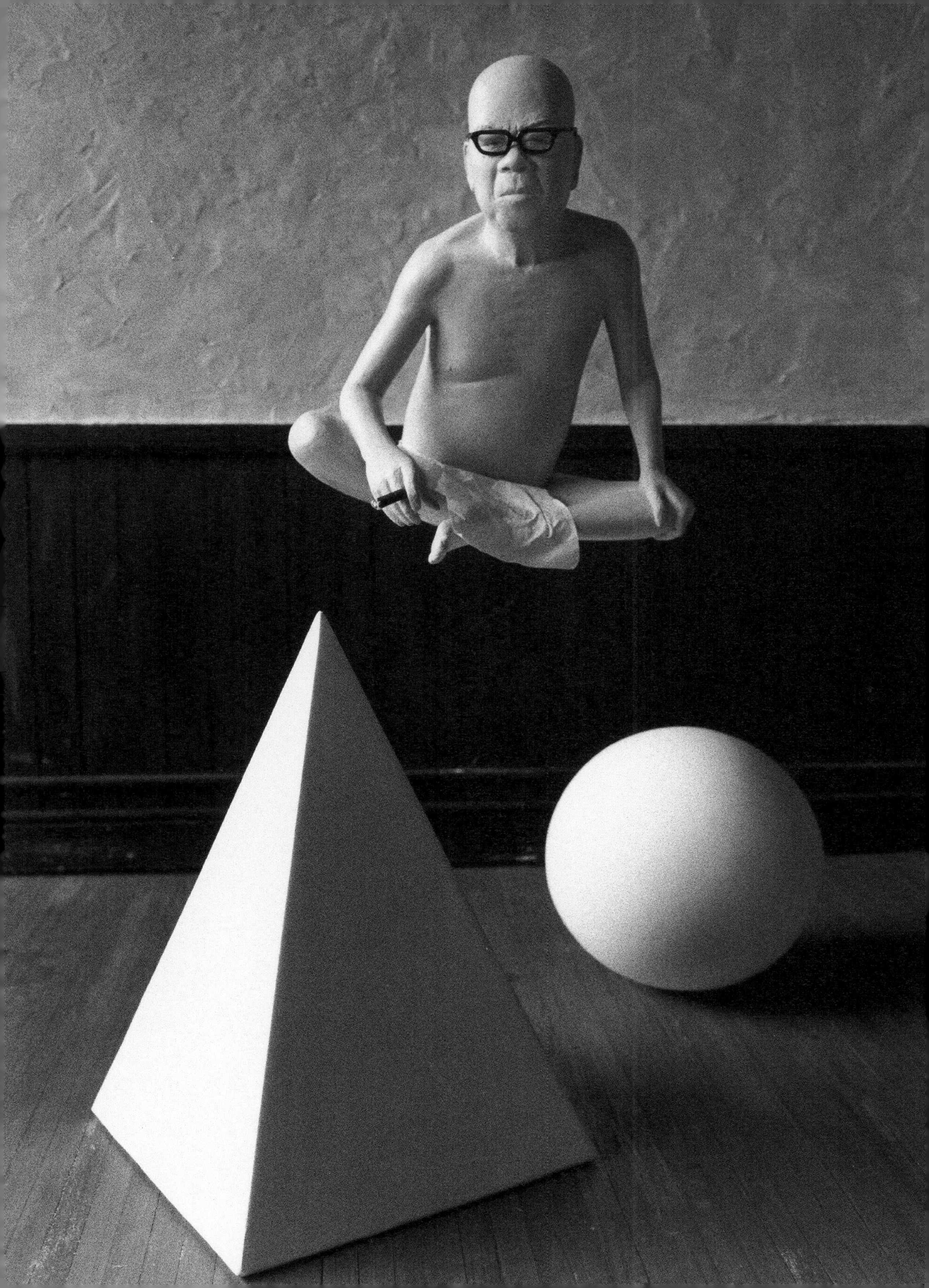

Object glass③
泉鏡花 Izumi Kyōka (1873〜1939)

　初めて鏡花に触れたのは小学生の頃、テレビで観た『白夜の妖女』(日活／1957)であった。葉山良二扮する若い僧が、迷い込んだ山中で月丘夢路の妖女に出会うという『高野聖』(1908)を元に作られた作品であったが、僧が女の色香に惑わされたりと、子供にはなんとも妖しい作品であった。小説を読んだのは高校生の頃だが、鏡花の作品は特別な術を施してあるようで、読み始めるとすぐにその作品世界に入って行ってしまう。これが作者のテクニックということなのだろうが、私にとって毒のまわりの速さは一番であり、つくづく日本語を読む幸せを感じるのである。

　鏡花は信心深く虚弱体質で神経質。とくにバイ菌に対する恐怖心は相当なもので、それは度が過ぎると言って良く、数々のエピソードを残している。指を始終アルコール消毒していた彼は、なま物などは一切口にせず、酒だろうが豆腐だろうがグラグラと煮立たせてから口にしていたようである。煮えたぎった湯が目の前にないと落ち着かず不安だと言い、さらに豆腐の"腐"の字を嫌って"豆府"と書くのだから念がいっている。バイ菌だけではなく、物の怪の存在も本気で信じ、怖れていたようであるから、眼に見えない物に恐怖するという、作家の豊かな想像力がそうさせるのであろう。

　ゲンかつぎの鏡花は自分の干支の七つ目、いわゆる向い干支を集めると出世する、という言い伝えを信じ、酉年の彼はウサギの置物を集めていた。当時の新聞に嬉しそうに置物を披露する写真が残っているが、中でも実物大と思われる陶器製の置物がお気に入りの様子である。そこで鏡花の膝の上に、それを模したウサギを乗せることにした。制作を始めたある日、散歩がてら近所の富岡八幡の骨董市を覗くと、鳥居をくぐってすぐの露店に、なんと鏡花所有のウサギと同じ物があるではないか。桐箱の上に乗ったそれは古い萬古焼きで、京都の蔵から出たそうである。私も鏡花と同じ酉年。不思議な縁を感じ入手したのは言うまでもない。肝心のウサギの御利益だが、あれから随分経つが、未だにウンともスンともである。

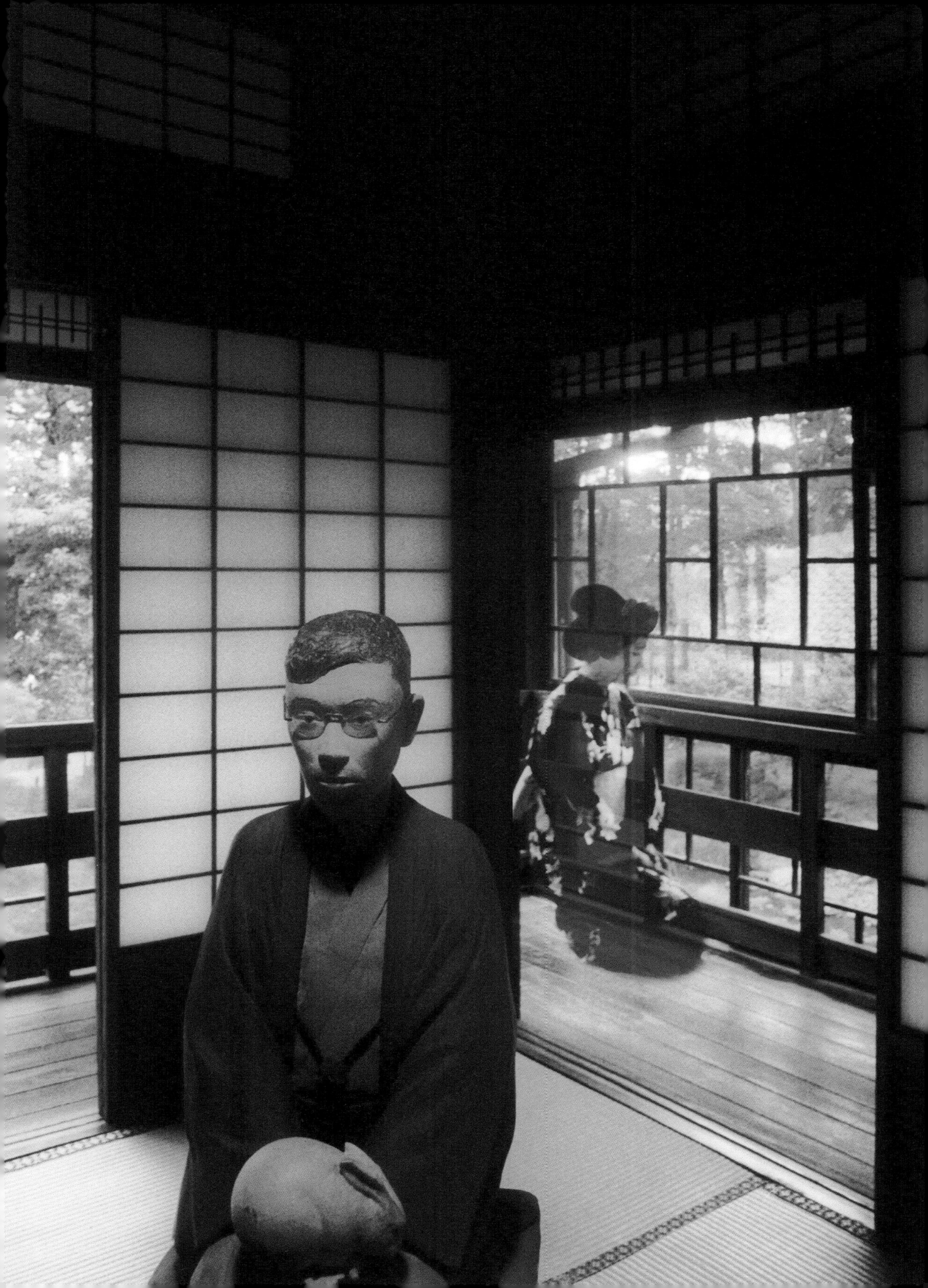

Object glass ④
村山槐多　Murayama Kaita（1896〜1919）

　槐多を知ったのは二十歳のとき。その頃私は、陶芸家をめざし岐阜の山の中にいた。まわりには同年代の人間などまったくいない所で（キツネがコンと鳴かないこともそこで知った）、技術もなく、確たる展望もなく、あるのはまったく根拠のない自信と、人の倍以上の粘土をいっぺんに練ることができる体力ぐらいなものであった。そんなある日、町の本屋で槐多を紹介している本に眼が止まった。そこには絵具を塗りたくった一見稚拙で乱暴に見えるが、どこか繊細な印象の肖像画と、その絵と同じスタイルの何篇かの詩が載っていた。槐多は明治29年に生まれ、結核性肺炎のためにわずか22年と5ヶ月の短い一生であったが、その生涯を通じ、芸術、恋愛、全てにおいて異常とも言えるハイテンションで駆け抜けて行った、丸裸のような若者であった。

　彼の残した日記には、天才としての自負、過剰な自意識、絶望したかと思えば立ちあがり、突進しては反省を繰り返す、日々の様子が書かれている。槐多はその尋常でない集中力をもって、デッサン、油絵と描きまくっているが、その生活ぶりはデカダンスに彩られ、赤貧に喘ぎながらも、浴びるように酒を飲み、数々の奇行、失態を演じている。発病してからも健康を取り戻すべく改心するのは一時で、血を吐いてはまた酒を飲む。帯代わりの荒縄に、ドロだらけの足と擦り減った下駄でスケッチに歩き回った。恋愛においても、下級生の美少年に始まり（「馬鹿やなあ君は、恋愛に男女の区別なんかあるもんか」草野心平著『村山槐多』日動出版／1976)、モデルの女性など、やたら惚れっぽい。しかし槐多のハイテンションで、今で言うストーカーの如く追いかけられては、誰しも後ずさりしたことであろう。当然のように手痛い失恋を繰り返す。槐多の七転八倒の様は、慣れない田舎暮らしと、目標への道のりの果てしない遠さに、酔っぱらっては田んぼに落ちたりしていた私には、なんとも沁みたものであった。

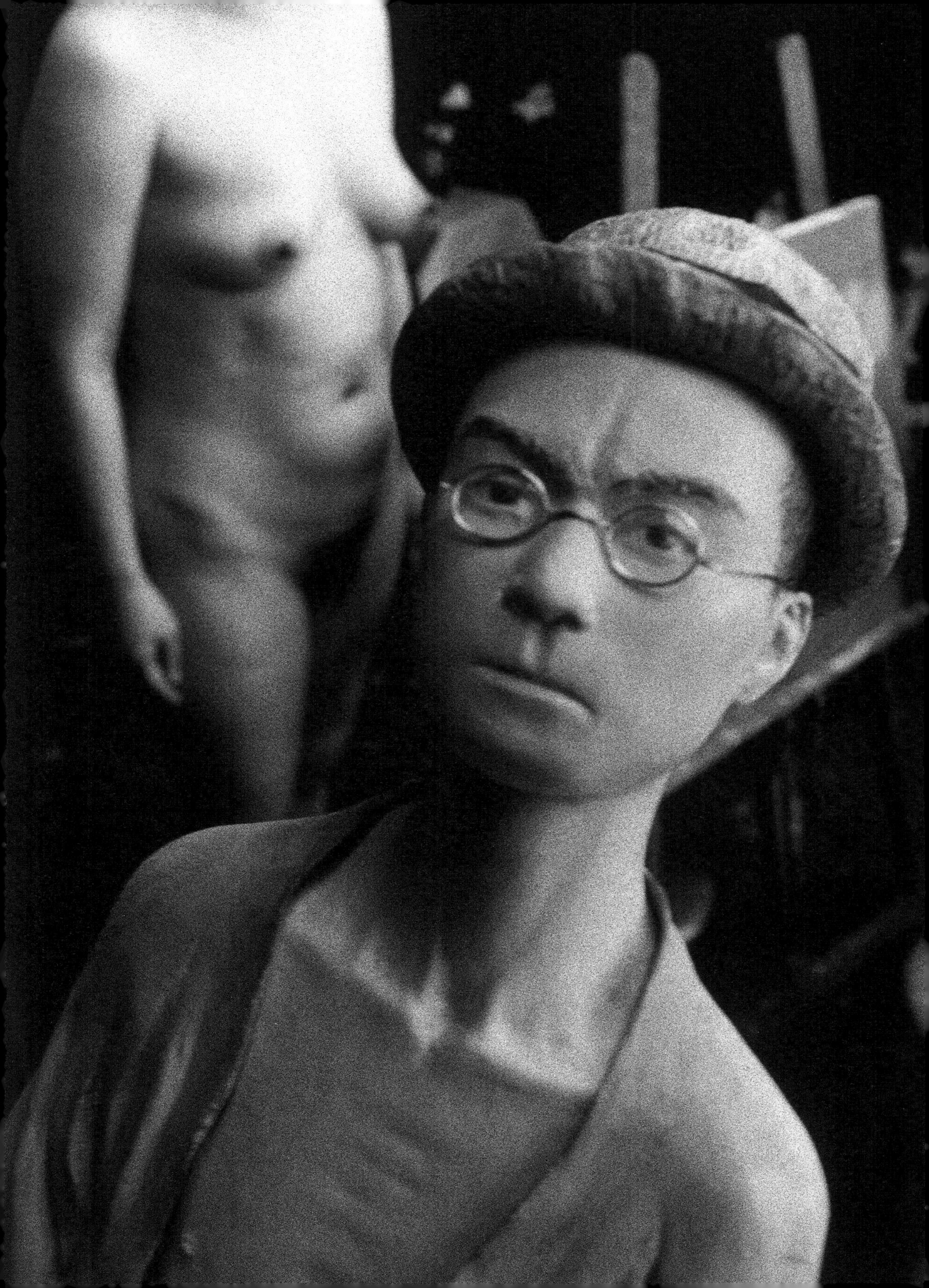

Object glass⑤
谷崎潤一郎　Tanizaki Junichirō（1886〜1965）

　中学生の私が深夜、光がもれないよう14型テレビごと布団にくるまり、画面から20センチの距離で見たのが大映お得意の谷崎ものであった。京マチ子、若尾文子、安田道代、叶順子。つまり裸が出てきそうなので見ていたわけである。

　文庫本を買ってきては授業中にも読んでいたが、そうした場合、授業内容とかけ離れていればいるほど読書に身が入るというもので、例え持ち物検査があったとしても、教科書に載っている"文豪"の作品なのだから堂々としたものである。老人の性を描いた『瘋癲老人日記』（1962）を授業中に読む中学生というのは、あまり良いカタチとは言えないが、老人と中学生、ともに不自由なことには変わりがない。谷崎は『饒太郎』（「中央公論」／1914）で、「あゝ己は西洋へ行きたいな。あんな莊嚴な、堂々とした婦人の肉體を見る事の出來ない國に生れたのは己の不幸だ」と言わせているが、私も似たようなセリフを吐いて、女子の顰蹙を買ったものである。当時の私からすれば、谷崎作品には、まだ見ぬ世界の秘密が描かれてあるとフンでいたのであろう。ナオミという名の女子が転校してくるに及んで、私の谷崎熱もピークに達したのであった。

　そんなある日、授業前に持ち物検査があった。カバンから谷崎が何冊出てきても私は悪びれずにいたが、初めは複雑な表情を浮かべていた教師は急遽、その授業を私の朗読の時間に決め、ついこの間まで洟をたらしていたような顔をした同級生の拍手と歓声の中、同性愛を扱った人妻の告白『卍』（1931）を読むはめになった。以後、私の関西弁に対する嫌悪感を払拭するには、漫才ブームの到来を待たねばならなかった。

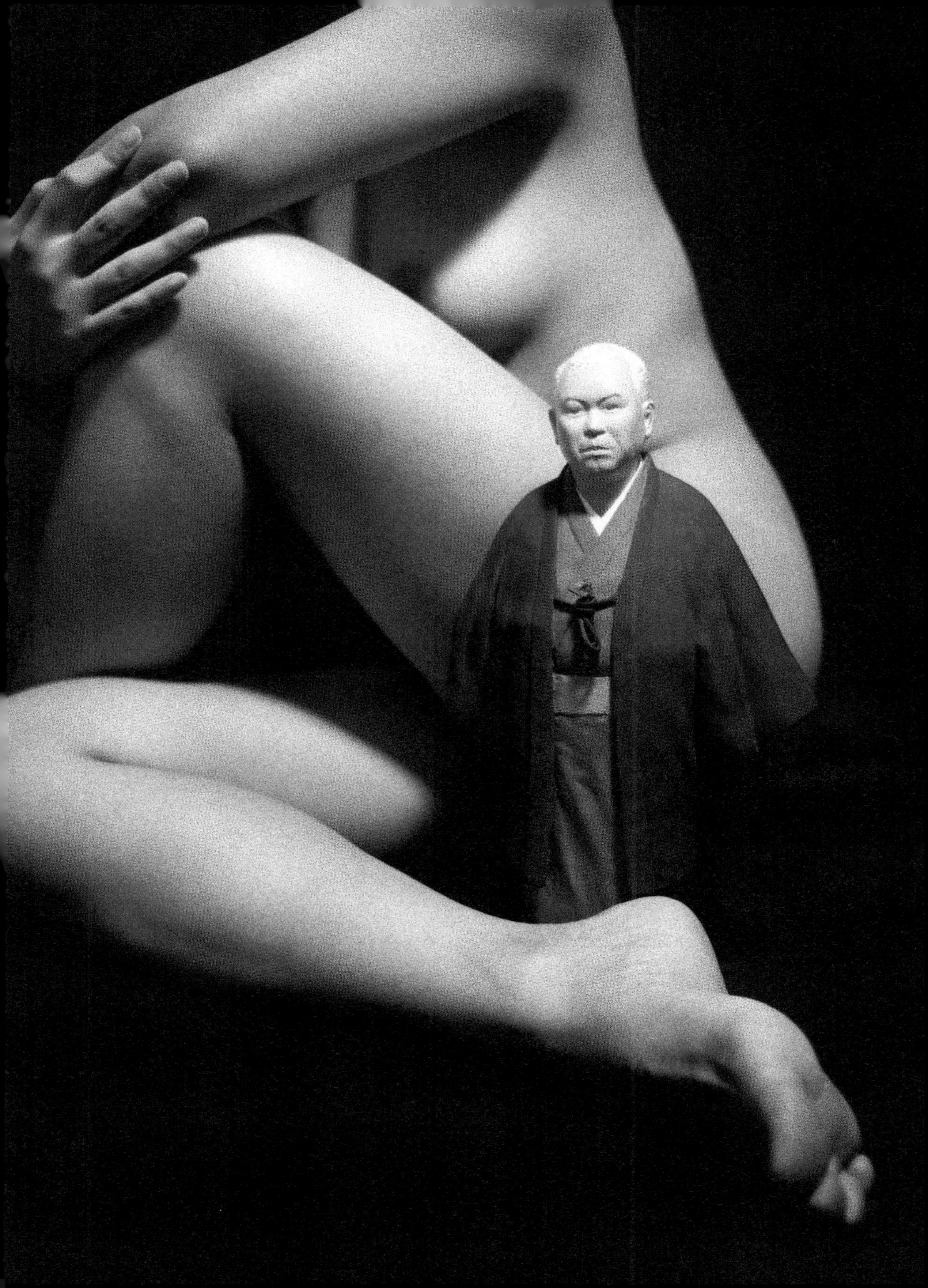

Object glass ⑥
中井英夫 Nakai Hideo(1922〜1993)

『虚無への供物』(1964) は高校生のとき、友人に借りて読んだのが最初である。なんと心惹かれるタイトルであろう。友人も私に差し出しながら、これを読まなきゃ話にならないという顔をしていた。ところが彼に借りた推理小説には、犯人の名前にそれとなく印が付いているのである。あるときはこぼしたコーヒーの染みだったり、何かで突いた跡だったり、ペチャンコに干からびた蚊であったり。それはとても巧妙で、問いただしても彼は決して認めなかったし、間違いなくそうかというと、微妙ではあった。しかし途中まで読み進めるうちに、ここまできて犯人を教えられてはたまったものではない。そのことばかりが気になりだし、耐えられずに講談社の文庫版を購入。改めて、この華麗な作品を読んだのであった。

中井英夫との出会いは『虚無への供物』だと思っていた私だが、実はそうではなかった。小学生の頃、我が家に小学館の『日本百科大事典』(1962) がやってきた。当時、百科事典ブームがあったようだが、この編集をしたのが実は中井英夫なのである。小学校から中学時代にかけて全23巻を端から端まで一往復以上は読んだであろう。中井が依頼し、三島由紀夫が「人生で一番うれしかった瞬間の一つ」と言ったという〈ボディビル〉の項の、三島由紀夫の上半身裸の写真に違和感を覚えたり、シュルレアリスム絵画の洗礼を受けたりと、私にとってはまさにワンダランズの入り口であった。なぜあれほど百科事典に熱中したのかずっと不思議だったのだが、最近、中井英夫編集を知り、合点がいった次第である。

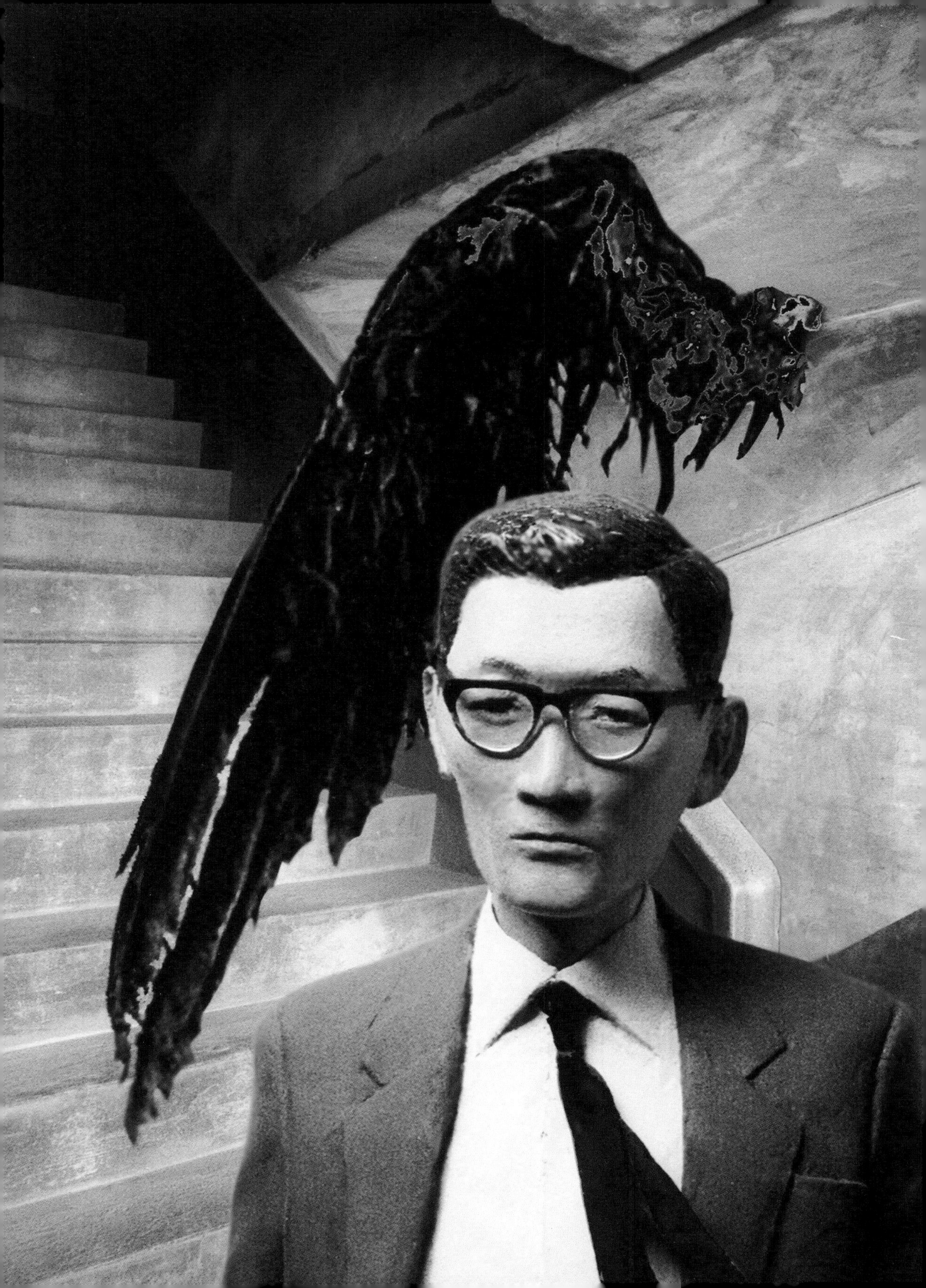

Object glass ⑦
江戸川乱歩 Edogawa Rampo (1849〜1965)

　初めて読んだのは少年探偵団シリーズ。小学校の図書室で、始業のチャイムに気付かないほど、夢中になって読んだものである。そして当然、探偵団ゴッコ。秘密の隠れ家を作ったり、仲間にしか解らない暗号を考えたり、ときには顔が恐いというだけでサラリーマンの後をつけ、アジトを突き止めたり。我が探偵団の武器と言えば銀玉鉄砲と2B弾。さらに我々の作った落とし穴は、町内の子供たちの間で恐怖の的であった。ありとあらゆる絶対触りたくない物（車に轢かれた犬猫など）を投げ入れ、仕上げにみんなでオシッコ。小林少年にくらべ、はなはだ品に欠ける我々のリーダーは、そこにバッテリーで電流を流そうと提案したが、それはさすがにみんなの反対にあった。我々の落とし穴の被害者は、今でもくるぶしあたりをさすりながら、遠くを見る眼になっているに違いない。
　そんなわけで少年探偵団シリーズは、全国に挙動不審の小学生を発生させたわけだが、当時の私にとって江戸川乱歩というと、明智小五郎の背後にひかえる探偵団の会長のような存在であり、開放されたパノラマ広がる乱歩先生のお屋敷で、心ゆくまで遊ばせてもらった、そんな子供の一人だったと言えよう。そして探偵団も自然消滅の頃、さらに魅力的な『屋根裏の散歩者』『人間椅子』『陰獣』などの、大人向け世界の読者となっていく。人によっては、乱歩はデビューして数年でトリックのネタが尽き、後半は子供っぽい物しか書けなかったと言う。しかし乱歩以外のいかなる方法で、あんな懐かしくも妖しい夢を読者に与えろと言うのであろうか。
　"うつし世はゆめ　よるの夢こそまこと"とは乱歩が色紙に好んで書いた言葉だが、子供時代から夢や空想にふける現実味に欠ける人物だったようで、人気作家になった後も何度となくフラリと放浪し、編集者を困らせたりしている。迫る締切りに、オチオチ夢も見ていられないということであろう。そして夢見の放浪から帰ると『押絵と旅する男』などの傑作をものにするのであった。乱歩は現実から逃れるため放浪したが、私には乱歩全集がある。

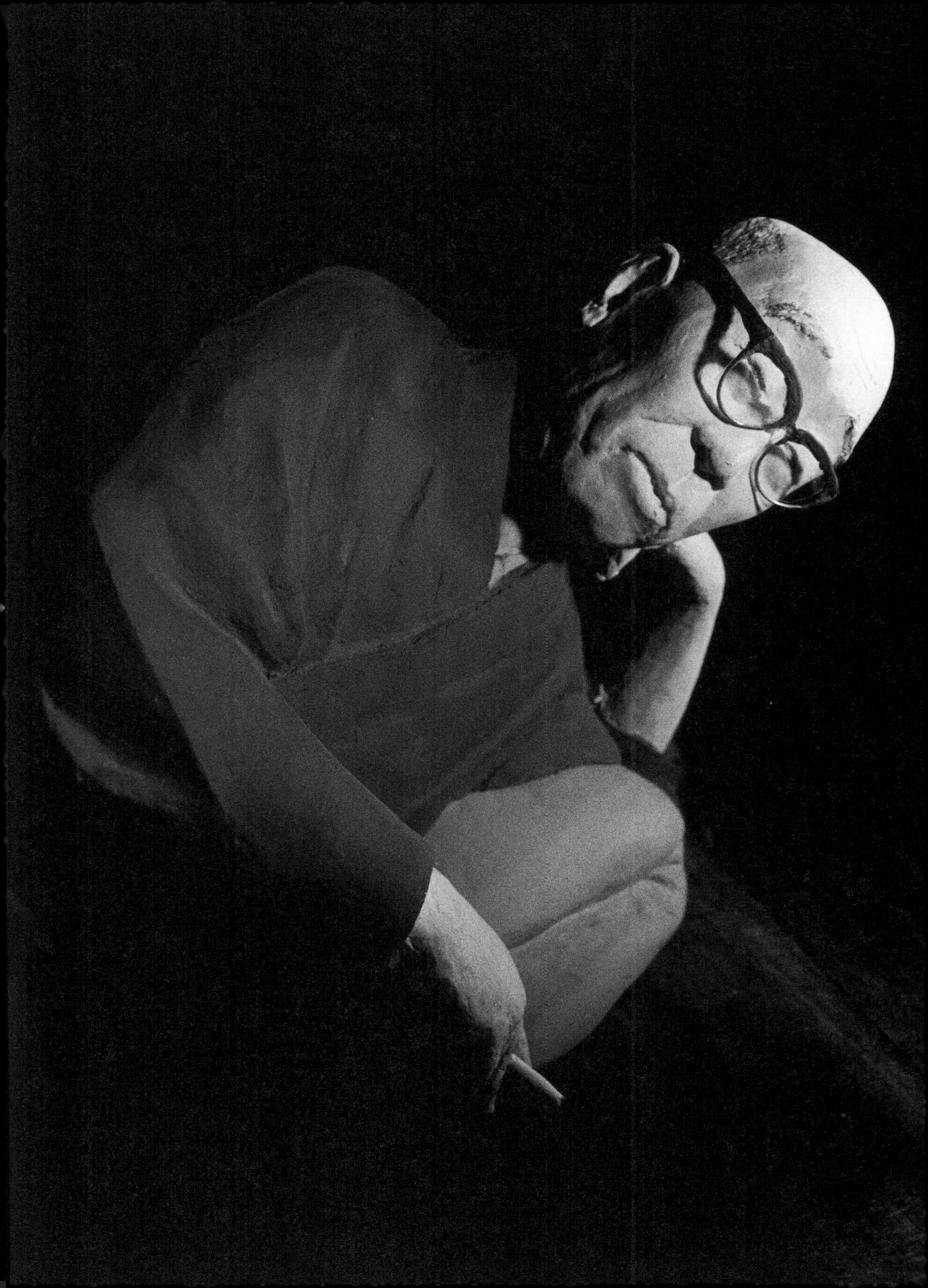

Object glass⑧
永井荷風 Nagai Kafū（1879〜1959）

　今でも浅草近辺のご老人の中には、荷風が浅草寺あたりを歩く姿を覚えておられる方がいるようであるが、『日和下駄』（1915）には、東京には江戸がなくなってしまった、と下駄を鳴らしながらぼやく姿がうかがえる。はたして現在の東京を見たらどんな感想をもらすであろうか。私にしても東京オリンピック以降、東京が随分変わったと記憶しているが、良くも悪くも変化し続けるのが東京の身上。行き先も見えないまま、ますます野暮臭くなって行くがしかたがない。

　晩年の荷風、独居生活の様子は、いかにも頑固で偏屈な老人という感じだが、子供の頃、近所にやはり独り暮しでいつも庭いじりをしているNさんという老人がいて、顔の長さを別にすれば、まるで荷風であった。この老人は、子供たちが野球をしていて庭にボールが飛び込んでも絶対返してくれず、そのせいで老人宅の塀は子供たちのイタズラ描きだらけになっていた。N老人を始め、子供たちに恐れられた偏屈な大人は嘘か真か、きまって戦争にまつわる噂がささやかれていた。荷風も戦争により性格が一変してしまったようだが、若い頃は江戸の戯作者のような暮らしぶりだったようで、清元を習い、噺家に弟子入りし、そして取材ネタと言わんばかりの女性遍歴（私は未だ荷風ファンの女性にお目にかかったことがない）。戦後は人を信用せず、全財産をバッグに入れて何処へ行くにも持ち歩いた話は有名であるが、それを電車の網棚に置き忘れ、拾った米兵への謝礼をケチった話もまた知られている。そして昭和34年、市川の自宅で多額の財産を遺し、古びた背広によれよれのズボンのまま、パタリと独り死んでいったわけだが、近代日本への反骨を貫き通したその姿は、見事と言うほかはない。

　一方子供たちに嫌われ続けたN老人だが、ペンキ屋の倅の登場で、塀がピカソのゲルニカのようになってもボールを返してくれなかったが、ある日、誰かが老人宅の門柱に、自分たちの放ったホームランボールがたくさん入ったブリキの洗面器が置いてあるのを見つけた。その直後、空き家になってしまったのだが、引っ越したのか亡くなったのか、その辺の記憶はない。

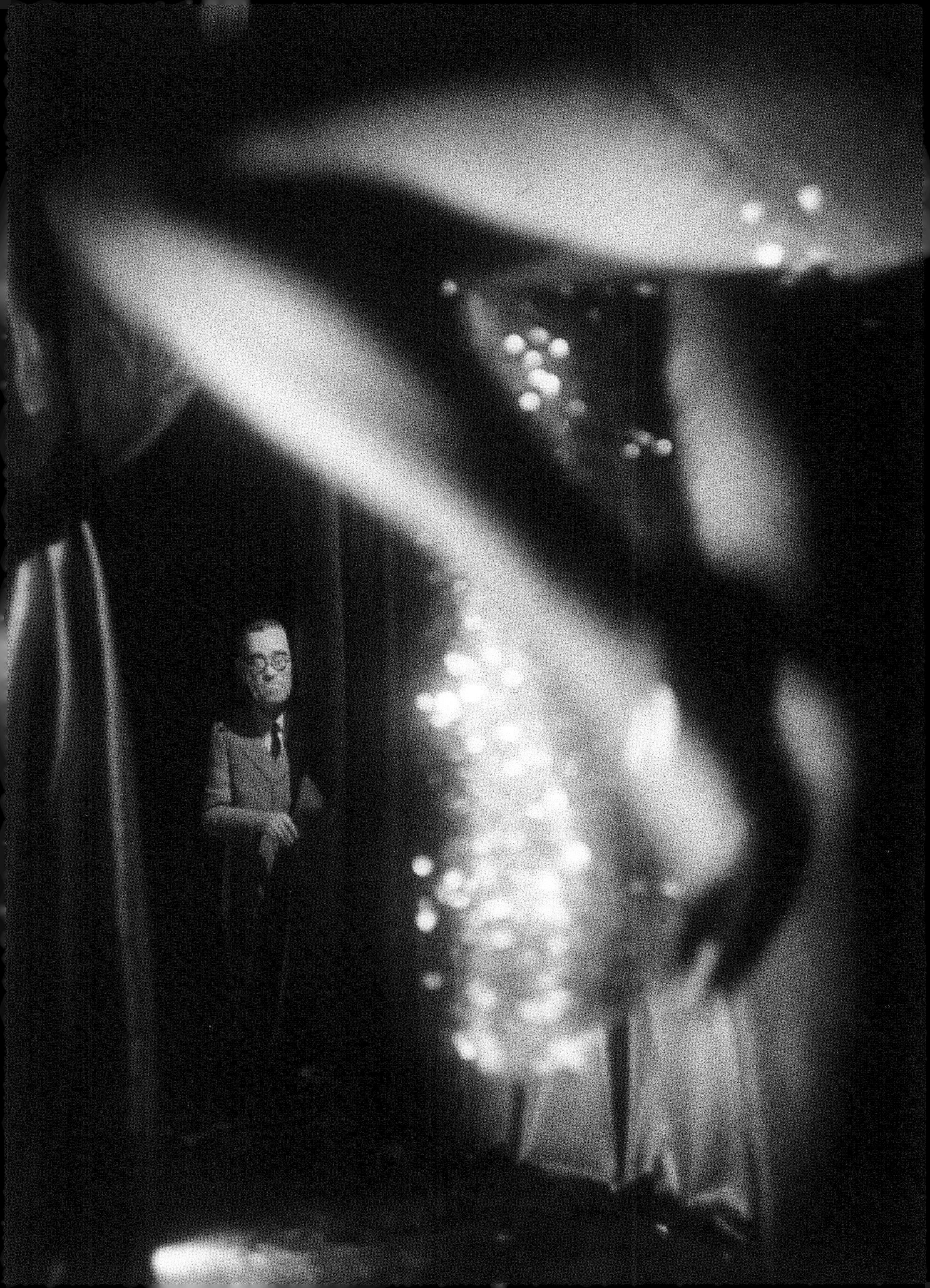

Object glass ⑨

夢野久作 Yumeno Kyūsaku（1889〜1936）

　東大医学部の標本室を見学したことがある。様々な興味深いコレクションの中、夢野久作の父、杉山茂丸の骨格標本がぶら下がっていた。死体国有論を唱えていたことは知っていたが、こんなところで出会うとは。国士のイメージにふさわしいガッシリした骨格であった。

70年代の終わり頃には、久作が暮らした杉山農園があった、福岡県は香椎に行ったことがある。もっとも、杉山農園について知っていたわけではなく、女の子に会いに行っただけで、近所の海岸の波打ち際で青春したことしか覚えていない。

　『ドグラ・マグラ』(1935)を読んだのは中学生の頃。以来、読み返すには覚悟がいるが、読後の印象が毎回変化するというのは作者が言ったとおりである。舞台になったのは九州帝国大学医学部精神病科。九州日報記者として出入りしていた久作を作るにあたり、当時の雰囲気が知りたくて入手したのが昭和6年の卒業記念アルバム『九州帝國大學醫學部寫眞帖』である。執筆に10年をかけたドグラ・マグラの、まさに当時のものである。学内の様子はもとより、各科教授連の直筆サイン入り肖像写真が貼り付けてある。正木敬之のモデルと言われる呉秀三門下の下田光造。久作と親しく、ドグラ・マグラ出版記念祝賀会にも招かれた師岡存。久作が法医学の知識を得て『S岬西洋婦人絞殺事件』(1935)を書いた若林鏡太郎のモデルと思しき医学部長、高山正雄。その他、久作の日記に登場する教授などがいる。

　この寫眞帖は二人の生徒が理事となり製作しているが、ひとりはこの14年後に軍医見習士官として、米軍捕虜の生体解剖を母校に持ちかけ、遠藤周作の『海と毒薬』で知られる、米軍捕虜生体解剖事件を起こすことになる。

　下田光造は、森田正馬によって創始された、患者のあるがままを受け入れる森田療法を九大にもたらせたが、着任の数年後に久作は『狂人の開放療法』の初稿を脱稿している。そして「新案工夫の、世界最初の開放療法」チャカポコの外道祭文となるわけであろう。いずれにしても久作は彼等から、様々な着想を得ていたのである。チョビ髭の下田光造教授の写真はポートレイトの他に、講義中、回診風景の三枚である。背後の廊下では、例の柱時計が「……ブウウウ──ンン──ンンン………」と唸っていたのであろうか。

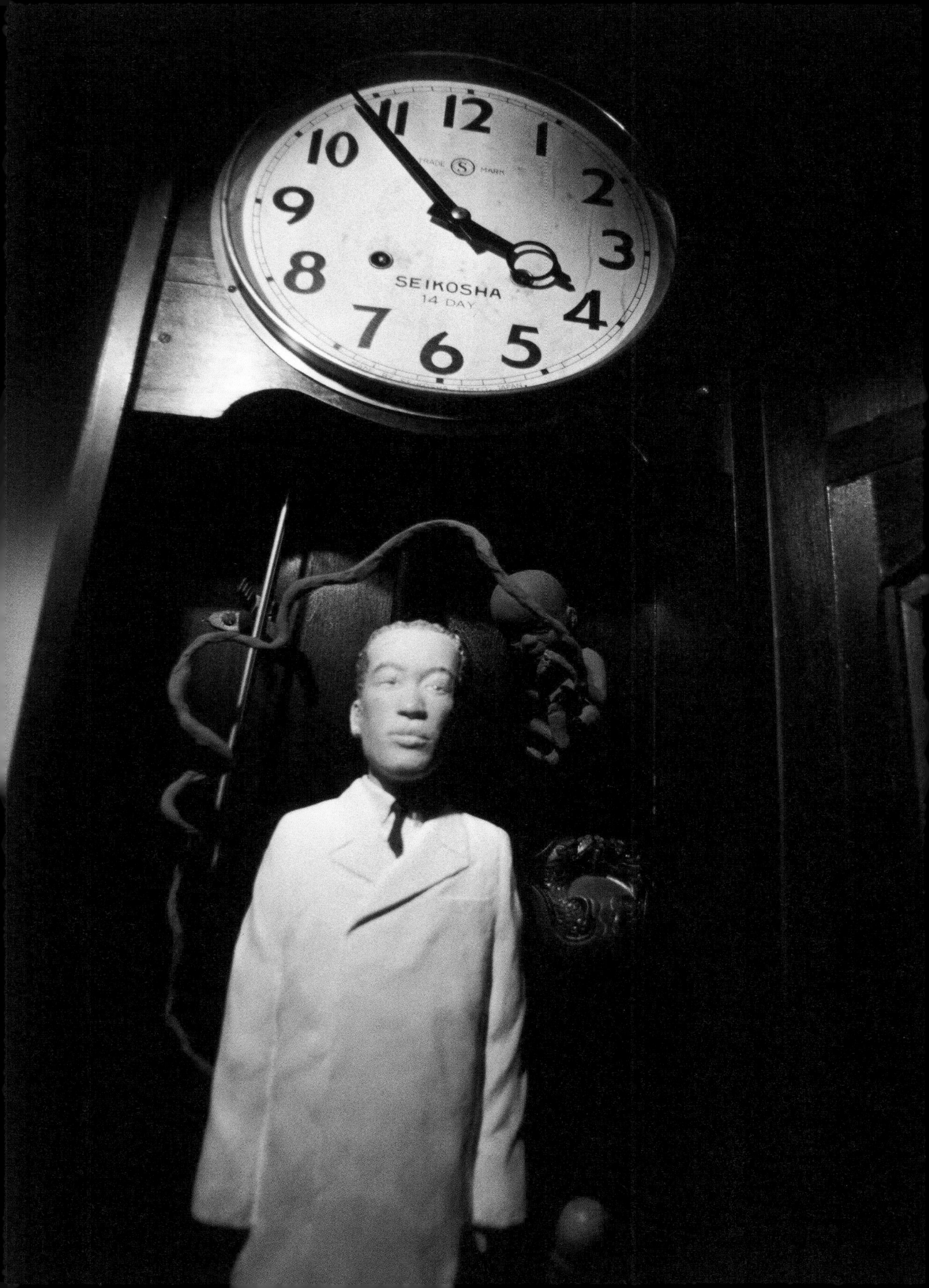
TRADE MARK
SEIKOSHA
14 DAY

Object glass ⑩
Jean Cocteau（ジャン・コクトー）(1889〜1963)

　私にとってジャン・コクトーと言えば、彼がシネマトグラフと呼んだ映画作品が一番印象深い。彼は初監督作品『詩人の血』(1930)を、アンドレ・ブルトンらシュルレアリストとの対立からも、シュルレアリスム作品と見られることを嫌ったが、この作品はすでに独創的なコクトー調であり、ニューヨークでは19年間ものロングランを記録している。しかし彼の数々の映画作品の中から私が選ぶとするなら、戯曲オルフェを自ら映画化した『オルフェ』(1950)、またその続篇と言える遺作『オルフェの遺言』(1960) ということになるだろう。

　『オルフェ』は天使ウルトビーズに導かれ、鏡を抜けて生と死の世界を往き来する、ギリシャ神話オルフェウス伝説を元にした作品。また『オルフェの遺言』は、コクトー自身が詩人を演じ、時空を超え、生と死の境をさまよい、『オルフェ』にも登場した詩人セジェストに「地上はあなたの居る場所ではない」と連れられ消えて行くという、コクトーの遺言にふさわしい作品である。いずれもまさにシネマトグラフの詩と言えよう。

　2001年東京は六本木。コクトーナイトと銘打たれたイヴェントが開かれた。現在パリ・オペラ座のエトワールであるバンジャマン・ペッシュが『バラの精』を踊った直後の楽屋で、コクトー像を撮影させてもらった。彼が人形の背後でポーズをとってくれたおかげで、コクトーの周囲にバラの精が薫ったわけだが、この奇妙な撮影を見てマニュエル・ルグリが、笑いながらコクトーを持つ私の左肘をかすめていったのを憶えている。この日の出来事が、私に不世出の天才バレエダンサー、ニジンスキーに対する興味を抱かせ、本来コクトーをテーマとするはずの翌年の個展は、ニジンスキーに主役を譲った。コクトーを基点にすると、あらゆる方向に道がある。そして目下の関心事は、コクトーに「私を驚かせてみろ」と言ったディアギレフと、彼が率いたバレエ・リュスなのである。

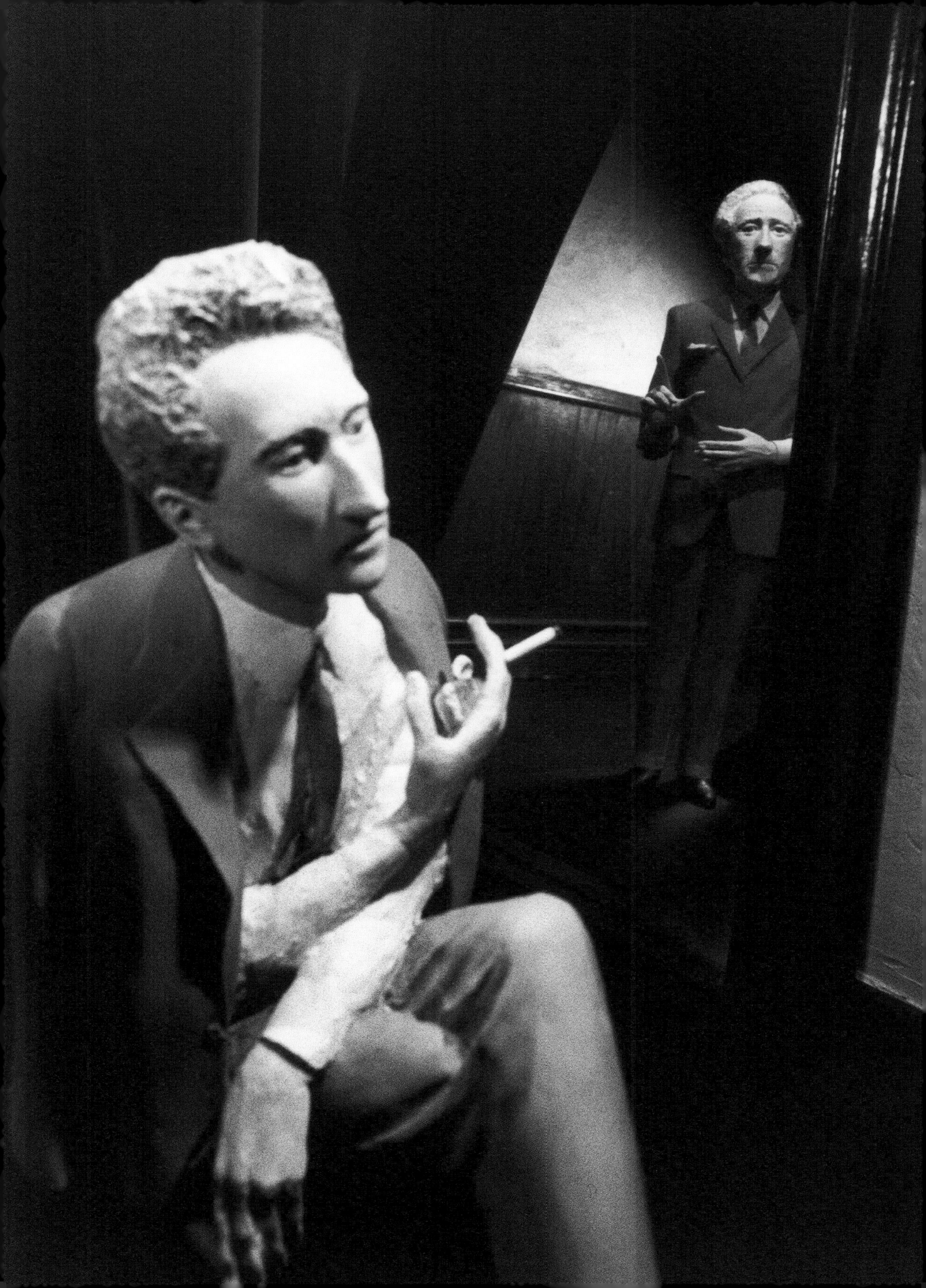

Object glass ⑪

寺山修司 Terayama Shūji（1935〜1983）

　私の友人に寺山の『現代の青春論（家出のすすめ）』（1963）を読み、山形から何度も家出を敢行し、何度も連れ戻された男がいる。東京生まれで、寺山を知ったのがいささか遅かった私には、その感覚が今一つ判らず、彼の若い時分のオッチョコチョイな話として聞いてしまうのだが、寺山の著作を読み、当時、相当な数の人が家出をしたようで、友人によれば「あれで一皮むけた」のだそうである。

　寺山の残した言葉は、読むと身体の奥底が振動させられる気分になり、今眼にしているのは単に紙に印刷された活字であるのに、と不思議になることがある。表層の脳が反応する前に涙があふれてきたりするから、イヴェントや寺山記念館などを訪れたときは、壁に飾られたパネルなどをいきなり読まないようにしている。私にとってフイに眼にする寺山が一番"危険"なのである。寺山は自分の出自その他に虚実をちりばめ、自分自身のイメージに演出を施していたのは有名な話である。"書き換えのできない過去などない"と言う彼は、母親が健在であるのに、「亡き母の位牌の裏のわが指紋さみしくほぐれゆく夜ならむ」（『田園に死す』白玉書房／1965）などという歌を詠む。ボクシングなどやったこともないのに、やっていたことになっている。しかしあらゆる手段を使って観客や読者にイメージをぶつけ続けたわけで、こんな人物は空前にして絶後であろう。

　私は寺山の存命中、芝居を一本も観なかったことを後悔しているが、原因は、幼稚園で木馬座の公演を観に行ったことにある。お芝居が終わり、舞台からおりてきたオオカミ君に私は頭を撫でられ、オオカミ君が困るほど大泣きしたらしい。そのことがトラウマになっていることは間違いなく、未だに、たとえ浅草の演芸場であっても、舞台からおりて来て客をいじりそうな芸人の場合は、後ろの席で小さくなっているし、ソウル・ショーで最前の席に座ったときなど、愛想のいいソウルシンガーに語りかけられないか、と気が気ではない。ついでに言えば、先年のホラー映画で、テレビの中から髪の長い女が這い出して来たときも、制作者の意図を超えて不快であった。舞台と観客席の境がないことに耐えられない私が、"演劇実験室"天井桟敷を観に行くはずがなかった。

いらっしゃいませ
一番街

Object glass ⑫
三島由紀夫 Mishima Yukio（1925～1970）

　私が三島由紀夫を読み始めたのは遅い。原因は子供の頃テレビで観た三島主演映画『からっ風野郎』（大映／1960）の革ジャン姿のせいである。有名な作家が頼まれてムリヤリやらされているのかもしれないが、それにしても酷い演技だ、と。そこに追い討ちをかけたのが『黒蜥蜴』（松竹／1968）である。黒蜥蜴にかどわかされ剥製にされた男を、三島自らが演じていた。当時の私はこれらにより偏見を植え付けられてしまったのである。

　『からっ風野朗』の監督、増村保造によると、三島は文芸作品なんか大嫌いで、できるだけ通俗的なアクション物、それもヤクザを主人公にしたものがいい、と大真面目な顔で言ったそうである。三島は自分とは正反対のものになりたがる傾向があるようだが、劇中の、

「こっちは小学校出の小学士様だ。この稼業でしか食っていけねェ」

「俺はアホウでロクデナシだけど、根っからのワルじゃねェ」

「少しばかりココが足りねェが、いつまでもガキじゃねェ。一人で結構やっていけるさ。くたばったら葬式を頼むぜ」

などというセリフは、さぞ楽しかったことであろう。気が付いたら、増村保造は私のもっとも好きな映画監督に、三島も『仮面の告白』(1949)『金閣寺』(1956)を読んで以来、ファンとなっていた。改めて件の映画を見直してみると、決して上手いとは言えないがシロウトのわりにがんばっていると感心してしまうのだから、勝手なものである。もっとも増村のシゴキは相当厳しかったらしく、周囲が三島に対して同情するほどだったようだ。増村保造という監督自体、そもそも文芸作品など撮る気がなく、たとえ主役が棒読みであっても、その点に関しては頓着しない監督なので、今思うと適任だったような気がする。

　自分の美意識にもとづき一直線に突き進んだ三島の姿は、時に不器用であったり痛々しくもあるが、私はなんと言っても、その生涯を通じ、常に誠実かつ本気だったところに感じてしまうのである。

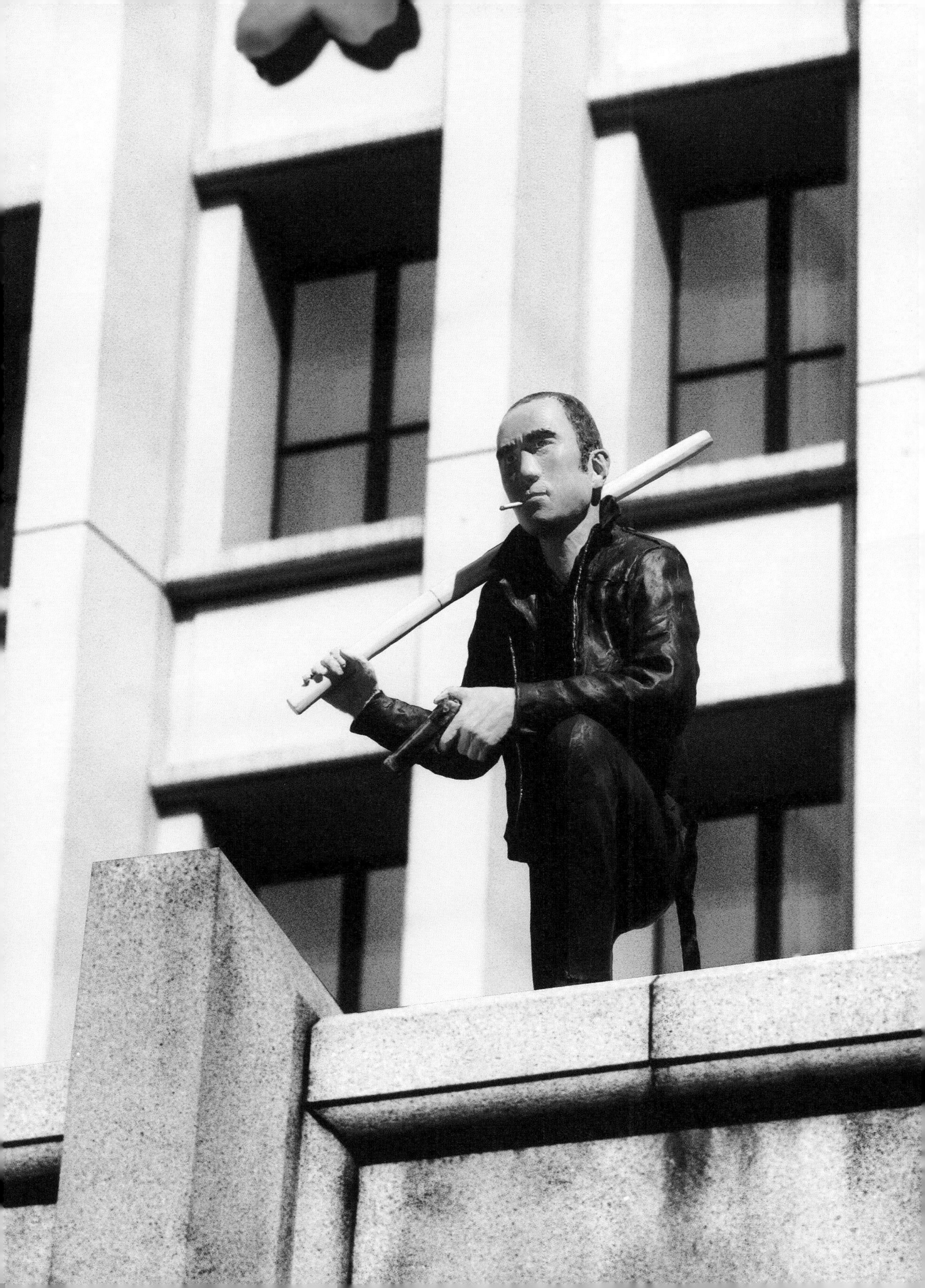

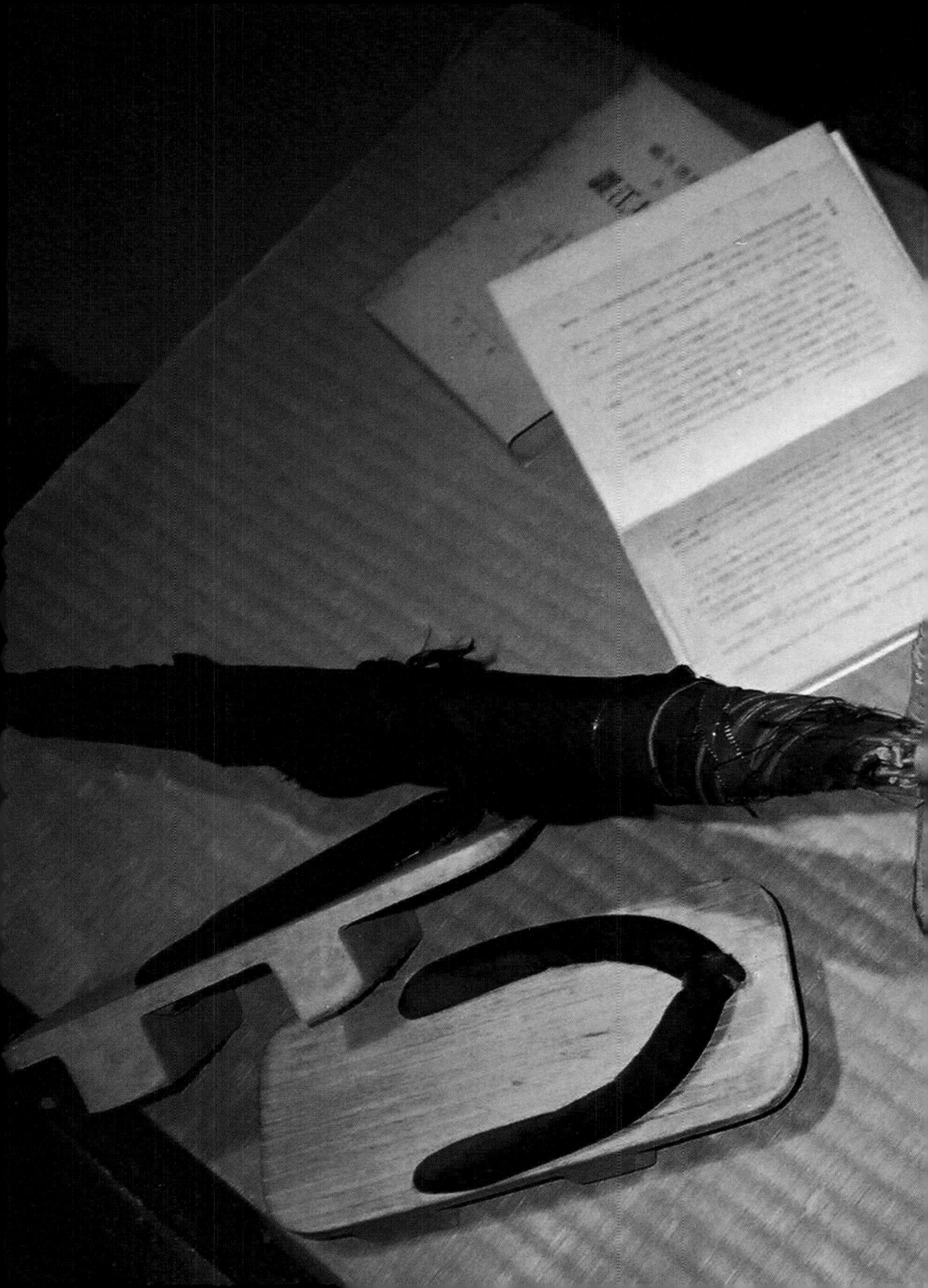

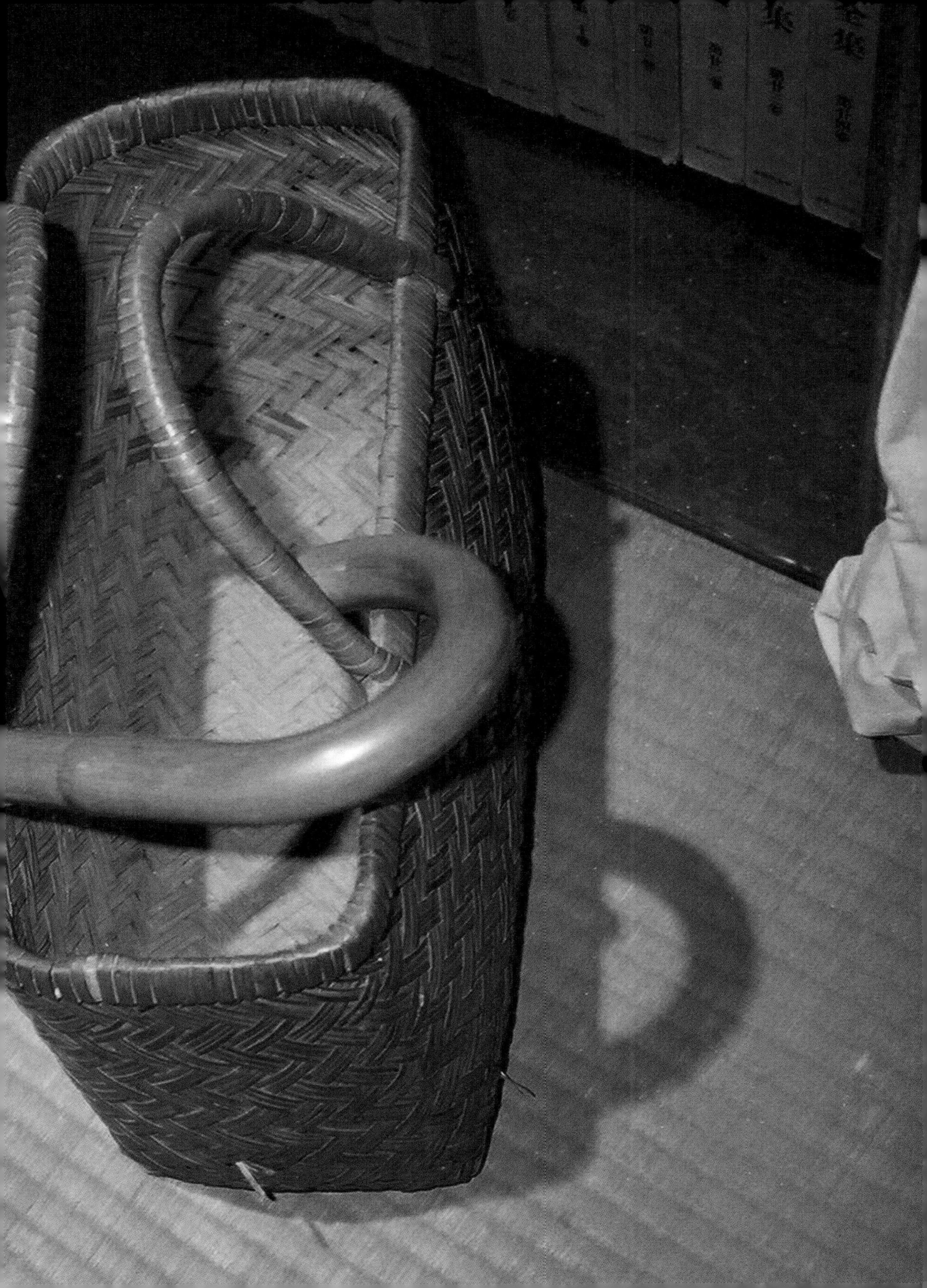

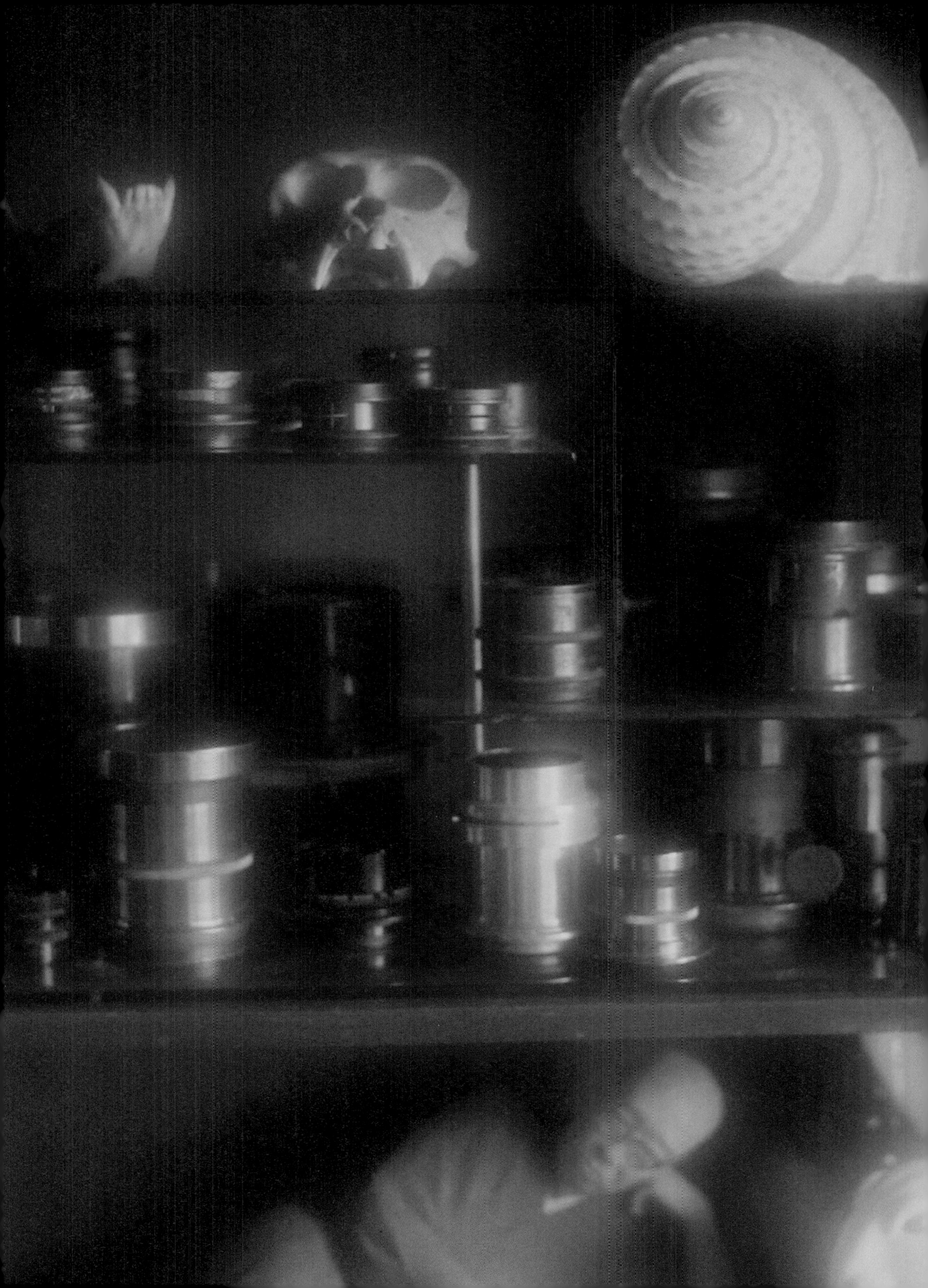

work note
制作ノート

制作ノート❶

　造形の段階で使うのは、竹ベラが1つに回転台。それとアイスクリームについてくる木のスプーン、乾燥を防ぐための霧吹きである。使用する粘土は石塑、石粉粘土。竹ベラは、以前、陶芸家を目指していた頃から使い続けたものがあったが、失くしてしまった。長年手に馴染んだ物なのに、と嘆いたが、そこらにある竹で作ったら、何事もなく使えた。回転台は、学生時代から使っているので、30年は経つだろう。

　頭部から作り始めるが、毎日見ていると眼が慣れてしまうので、複数の頭部を平行して作る。実在の人物の場合は、資料集めも大変である。完成すると、しばらくカバンやポケットに入れて持ち歩く場合もあるが、これは私の昔からの癖のようなもので、一番厄介な頭さえ仕上がってしまえば、できたも同然。あとは楽しいことばかりなので、持ち歩いている間は、何をしていても愉快である。　次に回転台の上に、盆栽用のアルミ線の心棒を立てる。これはコーティングが施されているので錆びることがない。私の作品は支えがなくても立っているので、よく感心されるが（完成後は台座に固定する）、実は心棒が柔らかいアルミ線のため、バランスが悪いと制作中に倒れてしまう。よって完成の暁には、自然とバランスがとれているというのが、本当のところである。自立するのは、撮影のときに都合がよい。

　全身は、竹ベラや、アイスクリームのスプーンを使い一気に作るのだが、気が付いたらできているという感じで、自分が作っている気がしないことさえある。いつかこの様子をビデオに撮り、人を驚かせてみたいものだが、万が一、私の口が半開きだったり、人に見せられない状態だったらと思い、試したことはない。もっともここからは、粘土を乾燥させてからでないと手を付けられない部分もあり、乾燥後に台からはずし、靴などを作り細部の修正をして、仕上げには時間をかける。着彩はアクリル絵具である。

　一方で撮影専用に作ることもある。その場合は、あらかじめフレーミングから、使用レンズの画角までイメージしておく必要がある。そして写らない部分は、まったく作らない。必要以上に作ると、現場で、ああもこうも撮ろうとしてしまうからである。初めに浮かんだイメージを超えることはないので、よけいな選択肢はふやさない方が良いのである。

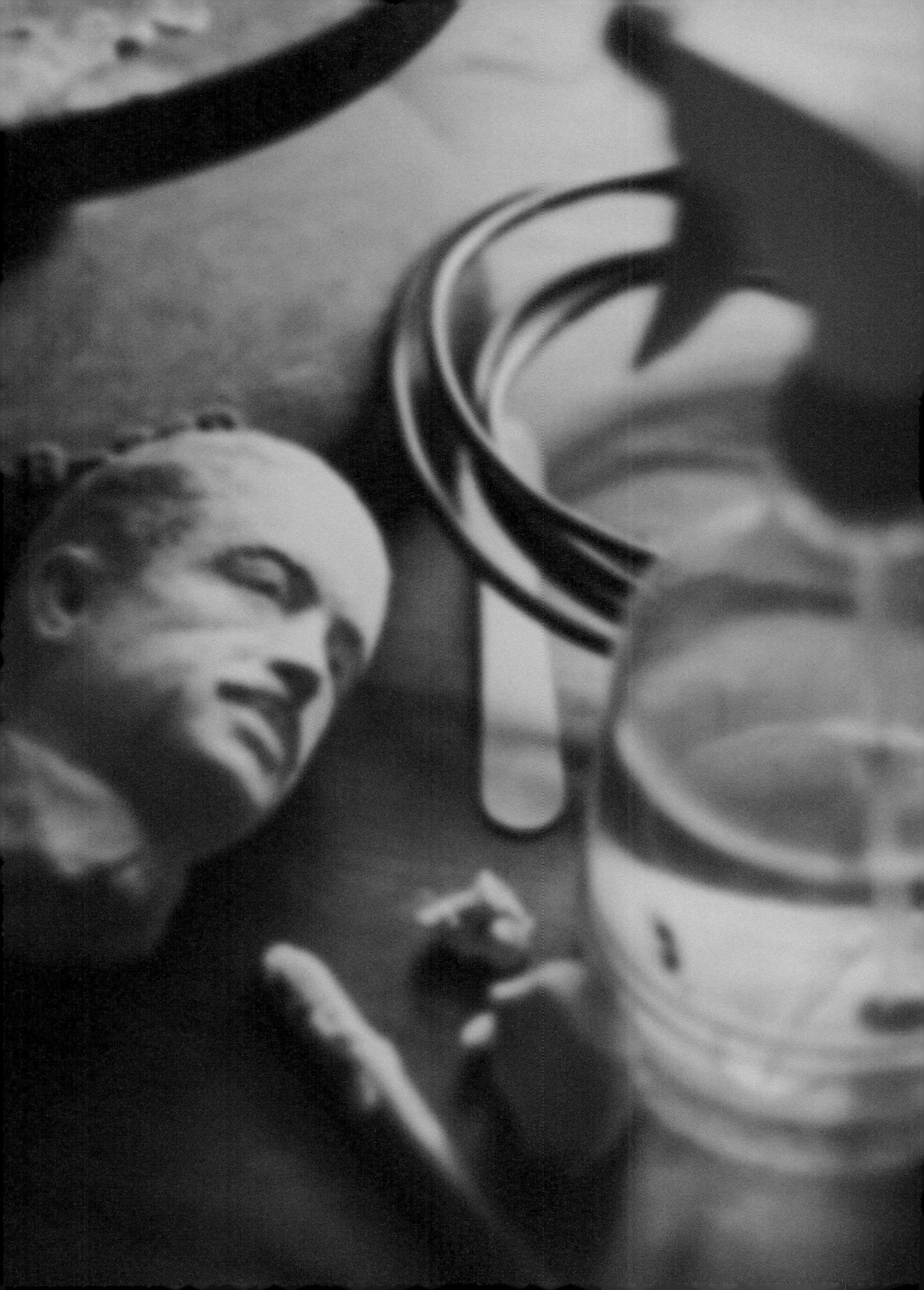

制作ノート❷

　私の撮影は、左に人形を捧げ持ち、右にカメラの手持ち撮影である。その国定忠治のようなスタイルから『名月赤城山撮法』などと言っているが、手前にあるものが大きく写り、背景とのバランスにより人形が人間大に見えるという実に単純なものである。レフ板やストロボは一切使わず、よほどの光量不足の場合以外は三脚を立てることもない。シャッタースピードは15分の1秒が基本である。人形をわしづかみ、振り回すように街を行く撮影は、人形の作者ならではだが、完成図はファインダーを覗く私にしか想像がつかないもので、ハタから見れば奇妙な光景であろう。それはなかなか恥ずかしい状態であり、できれば一人での撮影は避けたい。何人かスタッフらしき連中とゾロゾロやっていれば、なんらかの"事情"があるように見えるはずである。
　私は人形の背景に街行く人を入れることが好きだが、それは背景の人物との比較で、人形が人間の大きさに見えるからである。だから様子のいい人物が後ろを通りかかるのを待ち構えたりもする。距離を上手くとれば、40センチあまりの人形と人間を同じサイズのように並べての共演も可能である。もっとも、人形を持ってうろついている人間には、できるだけ関わりたくないというのが人情のようで、人はおかしな物を見るように遠巻きに通り過ぎて行く。
　赤城山撮法の欠点と言えば、人形がかならず最前に配されるわけで、何かの背後に人形を置きたい場合は、デジタルによる合成を使用することになる。
　これは長年撮影してきて出来上がったスタイルだが、私が撮影を始めた頃は、三脚を構え、時間をかけて撮影していたものである。そのとき学んだのは、シャッターチャンスは外側にあるのではなく、撮影する自分の側にあるものだ、ということである。今日はなかなか上手く行った。セッティングをこのままにして、明日別のフィルムで撮ることにしよう。翌日、光線の具合は昨日とまったく同じ、人形は昨日から動かしてはいない。にも関わらず昨日のようには行かない。初心者の私は首をかしげたものである。そんなことを繰り返すうちに判ってきた。昨日と情況は何も変わっていなのにも関わらず、唯ひとつ、昨日と変わっていたのは私自身だったのである。私が変われば私の見え方が変わるのは当然のことであろう。以来、撮影は一回で終えることとし、明日はこの人物に会えないという気持ちで撮ることにしている。使用するレンズ、人形とレンズの距離、人形と背景との距離、地面からの高さなど微妙なのだが、今では何も考えずに撮ることができる。わざわざ古いぼろレンズを使っているので不都合なことが起きることも多いが、物言わぬ人形を撮るには、多少のハプニングを受け入れるくらいで丁度良い。そもそも、このような作品を制作しようと考える人間が、神経質で完璧主義の人間であったら、それ自体がおかしな話であろう。それらを全て含め、人形を作り、自ら撮影する私の中での微妙なバランスが、ここには在るのである。そして間違いなく全てが写っている。

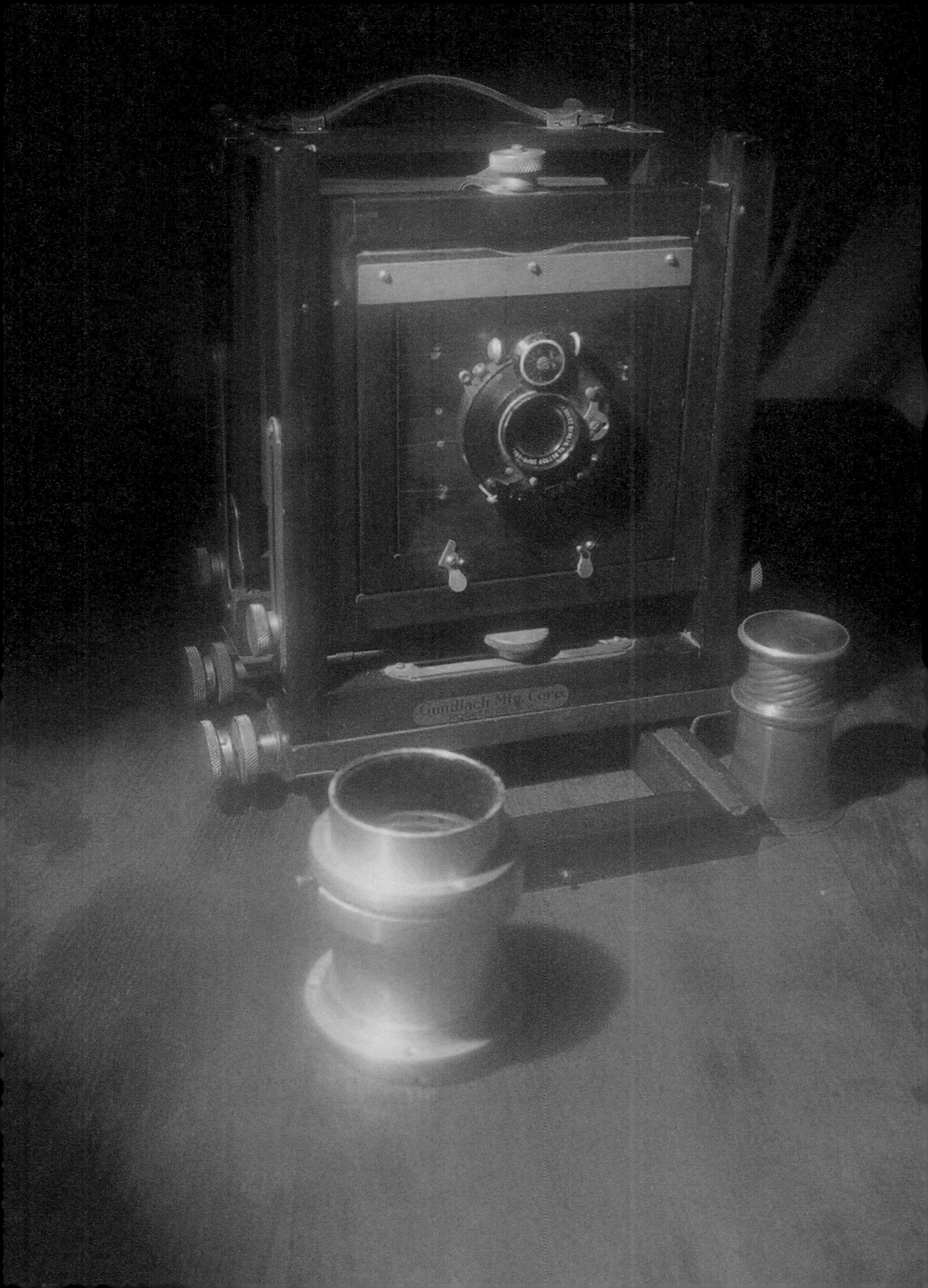
Gundlach Mfg. Corp.

澁澤龍彥【制作ノート】

　作家シリーズの第一作は、この澁澤だが、突然あらわれた妖精のように、どこかへ置いて撮影しようと考えていた。20年近く黒人ばかり制作してきたせいで、多少、戸惑いながら作ったのを覚えているが、そんなこともあり、私が制作した人形の中でも、とびきり小さい。
　10頁の背景にあるのは、クラナッハの絵画を模したものだが、クラナッハのヌードは立体にするには、少々辻褄が合っていない。無理に立体化したので、一定の角度からしか見ることはできないが、これがヒントになり、写真という二次元の中だけで成り立つ、撮影専用の立体を作るようになる。それは独特の効果を生み出すが、視点がずれるとヒドイ形なので、展示するとしたら、覗き穴などで視点を定めて見てもらうしか方法はない。

稲垣足穂【制作ノート】
　初めて展示したときのこと。ひとりの少女が、葉巻をくわえてふんぞり返った禿頭の像を指し「これタルホなんですか？」と話しかけてきた。少女は驚いた様子であった。少女のイメージした足穂とは少々違っていたようである。日ごろ少女に衝撃を与える機会が少ない私は、いくらかサディスティックな気分を味わいつつ、その困惑の表情を眺めた。
　初めにイメージした足穂は、星をランドセルのように背負っていた。あとは旧い複葉機に乗せ、星空を飛んでもらいたいと考えている。飛行機はすでに用意済みである。

泉鏡花【制作ノート】

　作家に因んだ場所に出かけて撮影するのは、格別なものがある。鏡花の撮影は友人に付き合ってもらい、金沢まで撮影に出かけた。釉薬がかかってツルツル光った瓦は、降り積もる雪を考慮してと聞いたが、このようなことは現地に行かないと味わえないことである。犀川周辺で撮影していて、途中で気付き、これじゃ室生犀星だよとあわてて浅の川に向かったのを覚えている。天候は薄曇だったが、撮影には、そのくらいのほうが、かえって都合がよい。夕闇が迫り、室内に電灯が灯る頃の茶屋街の風情は情緒にあふれ、男二人で訪れるところではない、と思ったのはお互い様であったろう。

村山槐多【制作ノート】
　槐多が晩年、病の快癒を願って旅した房総の海岸まで出かけたり、古びた絵画教室を背景に、大正じみた肉付きのモデルを配して撮影をした。画家槐多の名作『尿する僧』にちなみ、空に向って放尿もさせた。槐多の青春の息吹のようなものが表現できれば、と考えたわけだが、着物の前をはだけさせてむき出しにしたペニスに背後からチューブをつなげ、注射器によりバケツの水を発射させたが、青空を背景に放たれた飛沫は、風にあおられ地上に到達することはなかった。

谷崎潤一郎【制作ノート】
　谷崎忌に参加するため、某文学館の学芸員と京都まで出かけたことがある。会場は後に谷崎との往復書簡集を出される、『瘋癲老人日記』の颯子のモデルと言われる渡辺千萬子さんが、谷崎が眠る法然院の近くで営む喫茶店であった。私はついでに京都で撮影しようと人形を持ってきていた。学芸員は、せっかくだから千萬子さんにお見せしたら、と言う。私は気が進まなかったが、あまり言うものだから取り出してお見せすると、開口一番「アラ、似てないわね」。さすがにたった一言では、と思われたか、私は晩年しか知らないので、とフォローしてくださった。が、すでに遅い。私はその一撃にジンと痺れていた。晩年の大谷崎にとって、物事をはっきり表現するアプレゲールな千萬子さんの存在がどんなものであったか、その一端に触れたように思えたからである。このときばかりは自分のヘタクソさに感謝したものである。

中井英夫【制作ノート】
　制作のきっかけは、中井英夫オマージュ展への出品依頼であった。それまで制作を考えないではなかったが、生真面目な四角い眼鏡の人物をどう扱ってよいか決めかねていた。しかし実際作り始めると、肝心の頭部が4日で完成してしまった。ときに頭部だけに数ヶ月をかける私にとっては、異例のことである。そこで若い時代と晩年の二体を作ってみた。晩年バージョンは、生前の中井をご存知の方からは、禿げていないのが惜しい、という意見もあったが、中井英夫自身は頭頂部を覗き込まれて怒っていたという話を聞いたことがある。物故作家ばかり作っている私ではあるが、常に本人に見せることをイメージして制作しているのである。

江戸川乱歩【制作ノート】

　乱歩は私の作品の中で、気球にぶらさがったり、屋根裏や椅子の中に詰め込まれたりと無茶なことを演じてもらったが、何をやっても不思議と画になるのである。それは本人のヴィジュアルとは関係なく、むしろ乱歩自身の自作に対するスタンス、作品世界の広大さなどが理由ではなかろうか。池袋の乱歩邸へは、何度か撮影でお邪魔させていただいたが、当時お住まいだった乱歩の令息、平井隆太郎先生の隣に人形を配して、親子共演の撮影をさせていただいたことがある。二人の探偵という設定で、隆太郎先生には拳銃を構えていただこうと密かに用意していたのだが、最後まで言い出せなかったことも、良い思い出である。

永井荷風【制作ノート】
　永井荷風は私の作家・文士シリーズの中でも、少々異質の作家であるが、なんと言っても、この顔、この雰囲気が作りたかった。私の作品は、良く見ればいかにも粘土である。作り物だと言いたくもあり、私の考えるリアル感さえおさえてあれば、使用する古いレンズと相俟って、かえって良いと考えている。しかし荷風に関しては妙に実在感があり、背後にルーズソックスの女子高校生が写っていても、本人の実写だと思われたりする。この作品は撮影させていただいた店に飾ってあるが、荷風がいつ来たんだ、と訊かれるそうである。どんな風景でも溶け込んでくれる荷風だが、"私にかまうな話しかけるな"という顔のせいであろう。
荷風が最期を迎えた部屋で撮影できたことなど忘れ難い。

夢野久作【制作ノート】
　夢野久作のイメージを決定的にしている写真というと、煙管をくわえた写真やヌラリと薄笑いを浮かべた写真であろう。『ドグラ・マグラ』の作者かくありなんという雰囲気である。室内ということもあり、マグネシウムを焚いたのであろう、ほとんど正面から光が当たっている。おかげで本来"地球"とあだ名されるくらい巨大ではあるが、実直で穏やかな久作の表情を怪しく見せているのである。しかしそうは言っても、同じような光ばかりで久作を撮るわけにもいかない。その場合、はたして夢野久作に見えるだろうか、と躊躇したものである。それは例えば正岡子規を作ったとして、その"正面"の顔で子規に見えるか、というようなことである。

Jean Cocteau　ジャン・コクトー【制作ノート】

　日本人の作家から、気分を変えて制作したのがコクトーである。日本人ばかり作っていて急に白人へというのは、頭の中が日本人のイメージになっている私にとって、簡単なことではない。それは黒人を作っていて、急に日本人を作り始めたときにも体験したことである。そのときは、これは日本人なんだ、と唱えながら、何度も手脚を短くしたものだが、コクトーの場合は逆に、人間の鼻がこんなに高くていいのか、と思いながら作った。
いずれ、ニジンスキーの跳躍を客席から見上げるコクトーなどを作ってみたい。

寺山修司【制作ノート】
　寺山には線路が似合う。しかも単線に限る。私の地元、葛飾区は某所で、知人に手伝ってもらい撮影したときのこと。貨物列車の運転手に見つかり、車上から怒鳴られた。子供の頃、こんなことばかりやっていた我々は、数十年ぶりに隠れそこなった草むらの中で苦笑したものである。同じ青森出身のフォークシンガー、三上寛言うところの"寺山の秘密工場"三沢にも、撮影に行ったことがある。少年時代を母子二人で過ごしたという三沢市内を歩いて回った。宿泊した旅館は商店街に近かったので、書店を覗いてみることにした。きっと地元のどの書店にも寺山コーナーなどあるだろうから、旅の土産に同人誌の一冊でも、と考えたわけだが、そんなものはどこにもなかった。だいたい寺山の著書自体が見当たらないのである。きっと都会に出て行った人と、居続ける人にとって、テラヤマという名は随分違って聞こえるのだろう。そんなことを想いながら、閑散とした商店街を歩いた。

三島由紀夫【制作ノート】
　三島は実に難航した。初めは本人が「私の顔は曲がっており、正面から見ると、便所の古草履みたいに、長刀型になっている」という顔の曲がり方がうまく把握できなかった。しかし撮影する段になると、左右対称でないぶん、逆に微妙な表情が演出できるのである。
　私は人の顔を作る場合、額のニュアンスを大事にしている。額には前頭葉の内容が表に滲み出しているように思え、後に撮影する際にライティングで表情を抽出するためにも、ないがしろにはできない。真ん中で目立つ鼻などよりよっぽど重要で、私に言わせれば、額に比べれば鼻は単にウズタカイでっぱり、である。三島の額は、三島が嫌った蟹の甲羅にも似て微妙な起伏を持っているが、その点において、私が手がけた人物ではマルコムＸと双璧である。

SEIKOSHA
14 DAY

後書

　私は昔、本を読み始めると何も耳に入らない子供であった。小学校の図書室では、始業時間になっても出てこないので、度々出入り禁止になったし、床屋に行けば、置いてある本から目が離せず、持って行っていいよ、と言われるまで動かなかった。家族と出かけても、もらった小遣いを使わず、店を閉めシャッターを下ろしたい本屋の店主と家族を待たせて本を選んだものである。とにかく読み出すと目が離せなくなってしまう困った子供であった。今でもそうだが、特に興味があるのが人間であり、伝記、偉人伝の類は片っぱしから読んでいった。ごく幼い頃は、それらの本は、その場で見ていた人が書いていると思い込んでいたので、たとえば私が桜の枝を折ったとしても、それを書いてくれそうな気の利いた大人が周りにおらず、本気でガッカリしていたものである。
　何故あれほど読書に熱中したかと言えば、現実からの逃避であろう。子供などいつだってロクな立場ではない。暗黒大陸やエジプトの神秘などを別にすれば、本当のことは目の前の現実でたくさんである。ついでに写真嫌いの原因もそのあたりから来ており、おかげでカメラを手にするのが遅くなった。暗黒大陸や女体の神秘などを別にすれば、本当のことなど、わざわざ切り取ってきて見せるな、と思っていたし、非創造的で野暮なものだと思っていた。自分で撮るようになり、その考えも変わったが、自分で作った物を被写体にすることを思い付かなければ、カメラを手にすることもなかったであろう。
　私が初めて熱中した作家と言えば江戸川乱歩や谷崎潤一郎である。乱歩は、その妖しくも懐かしい世界に夢中になったし、谷崎は、こんな風に生きられるなら歳をとるのも悪くはない、と思った。永井荷風の最期は孤独で寂しいものとは思えなかったし、澁澤を読んだおかげで陶芸家の道から逸れてしまったが、続けていてもロクなものは作っていなかったであろう。
　12人の作家は制作のため、改めて読まずともイメージが浮かぶ人物ということで選んできたが、顔で言えば、眼鏡をかけた乱歩やタルホを先に作ってしまって内田百閒を作りそこなったり、宇野浩二や佐藤春夫など、さらに作ってみたい人物がいないわけではないが、発表から10年というキリが良いときに本書を刊行できたことは幸いである。思えばその間には、人形を持ってもらったり、見張りをしてもらったり、一緒に身を潜めてもらったり、様々な方々にご協力いただいてきた。改めて感謝したい。
　そして10年など簡単に経ってしまうことに驚きを覚えつつ、知命を数日後に控え、ここに筆を置く。　　　　　　　　2007年1月　　石塚公昭

●TV．TVCM．書籍表紙その他

1982　『麻世の真夜中デイト』東京12チャンネル
1983　『ニュースワイド』ＮＨＫ
　〃　　『美の世界・アートナウ』日本テレビ
1985　『ブルータス』マガジンハウス
　〃　　『ミッドナイトジャズ』（タイトルバック）テレビ東京
1987　『イラストレーション』玄光社
　〃　　『ブルーノートＪＡＺＺヒストリー』新潮社
1987〜89『ブルーノートＪＡＺＺヒストリー続・続々』東芝EMI
　〃　　『ジャズ解体新書 後藤雅洋対談集』ＪＩＣＣ出版局
　〃　　『パネテックス』（TVCF）文化シャッター
　〃　　『オーディオグラフィック』 8・10月 ＮＨＫ衛星
　〃　　『EGO』高橋幸宏（アルバムジャケット）東芝EMI
1988　スティービー・ワンダーに作品贈呈
1989　『シュガー・ブルー　ジャパン・ツアー』（パンフレット）　シュガー・ブルーに作品贈呈
1990　『BBキング　ジャパンツアー』（ポスターその他）　BBキングに作品贈呈
1990　『ブルース・ベスト』シンコーミュージック
1997　『ドール・フォーラム・ジャパン』ドール・フォーラム・ジャパン事務局
1997〜98『サントリーホワイト』（TVCF）サントリー
1997　『トゥナイトⅡ』テレビ朝日
　〃　　『痛快エブリディ』関西テレビ
　〃　　『MARQUIS』No.9　ART&LIFESTYLE（ドイツ）
　〃　　『写真の中で生きる人形』文化爛　日本経済新聞
1997〜00『本格ミステリーベスト10』東京創元社
1998　『ブルースクラブガイド』シンコーミュージック
　〃　　季刊 銀花　夜の夢こそまこと　文化出版局
1999　『太陽』「特集人形愛」平凡社
2000　『神保町の怪人』『古本街の殺人』『古書収集十番勝負』　紀田順一郎著　東京創元社
2001　『突飛な芸人伝』吉川潮著　新潮社
　〃　　『BLUES MARKET』no.25〜27　BLUES MARKET
　〃　　『21世紀ジャズ読本』定成寛著　ブックマン社
　〃　　『龍之介地獄変』小沢章友著　新潮社
　〃　　『ASAGAYA FRIENDS』（CDジャケット）東京あど弁舎
　〃　　『JAPAN』「乱歩特集」Hotei Publishing（オランダ）
2002　『PICTORIALISM』クラシックカメラ専科no.6　朝日ソノラマ
　〃　　『江戸川乱歩ふるさと発見五十年記念』（ポスター）三重県名張市
2003　『ビタミンF』（文庫版）重松清著　新潮社
2004　『修羅の夏』新庄節美著　東京創元社
　〃　　『月刊テラヤマ新聞』「人形作家・石塚公昭の偏愛的作品世界」「月刊テラヤマ新聞」編集室
2005　『乱歩 夜の夢こそまこと』石塚公昭著　パロル舎
　〃　　『日経bizTech』日経BP社
　〃　　『知るを楽しむ』（江戸川乱歩像）ＮＨＫ教育
2006　『億萬長者夫人』（ポスター）（財）現代演劇協会
　〃　　『知るを楽しむ』（寺山修司像）ＮＨＫ教育
　〃　　『SETAGAYA作家のいる風景』（人形展示・写真作品常設展示）世田谷文学館
　〃　　『夜の夢こそまこと 石塚公昭展』銀座青木画廊
　〃　　『文学サロン　乱歩 夜の夢こそまこと』（朗読ライブ）世田谷文学館
　〃　　『眼展』銀座青木画廊
　〃　　『人・形展』丸善本店オアゾ

◎展覧会歴　その他

1982～84	『ブルースする人形展』ギャラリーアメリア　池袋東急ハンズ
	京都河原町ビブレ　北青山ギャラリーストーンウェル
1985	『第1回人形達展』（招待出品）銀座プランタン
〃	『東京ファッションウィーク』（ゲストコーナー）池袋サンシャインシティー
〃	『ブルースする人形展』（オープニングイベント）岡山 ZAPギャラリー
1986	『アフターアワーズ展』西武シード館　WAVE
1987	『アフターアワーズ展』牧神画廊
1989	〃　　　渋谷西武B館
1990	『現代創作作家20人展』銀座プランタン
〃	『石塚公昭人形展』関内セルテ
1993・96	『石塚公昭人形と写真展』BLUE NOTE TOKYO
1996	『ジャズ・ブルース人形と写真展』SPACE YUI
1997	『夜の夢こそまこと展』Gallery e'f
1998	『人形写真展』Gallery 360°
1999	『ONE DAY ONE SHOW』（オイルプリント初出品）FREE SPACE3
〃	写真作品収蔵（江戸川乱歩）三重県名張市立図書館
〃	『永井荷風展』（人形展示）神奈川近代文学館
〃	『石塚公昭人形展』大崎ゲートシティー
〃	『現代作家五人展』日立シヴィックセンター
2000	『泉鏡花と深川展』（人形展示）江東区古石場文化センター
〃	『ピクトリアリズム展』（オイルプリント）スペース空木
〃	『イメージの中の文士たち』ガレリアセルテ
2001	『コクトーナイト』スィート・ベイジル
〃	『オイルプリント展』ロイドギャラリー
2002	『石塚公昭写真展』江東区東大島文化センター
〃	『石塚公昭個展』（コクトー、ニジンスキー、ディアギレフ）アートスペース美蕾樹
〃	オイルプリントワークショップ（及び作品展示）京都造形芸術大学
2003	『私の劇場3』ギャラリー北村
〃	『オイルプリント展』Prinz
〃	『夢の続き展』（ランドマーク10周年記念）横浜ランドマークプラザ
2004	『虚無への供物　中井英夫に捧げるオマージュ展』ギャラリー・オキュルス
〃	『永井荷風－荷風が生きた市川』市川市文化会館
〃	『たてもの園・作家のいる風景』江戸東京たてもの園
〃	『地下室の古書展』東京古書会館
2005	『乱歩 夜の夢こそまこと 出版記念』JZ・Brat
〃	『乱歩 夜の夢こそまこと展』松坂屋名古屋本店
〃	『地下室の古書展』東京古書会館
〃	『SETAGAYA 作家のいる風景』（人形展示・写真作品常設）世田谷文学館
2006	『夜の夢こそまこと 石塚公昭展』銀座 青木画廊
〃	『文学サロン 乱歩 夜の夢こそまこと』（朗読ライブ）世田谷文学館
〃	『眼展』銀座 青木画廊
〃	『人・形展』丸善本店オアゾ

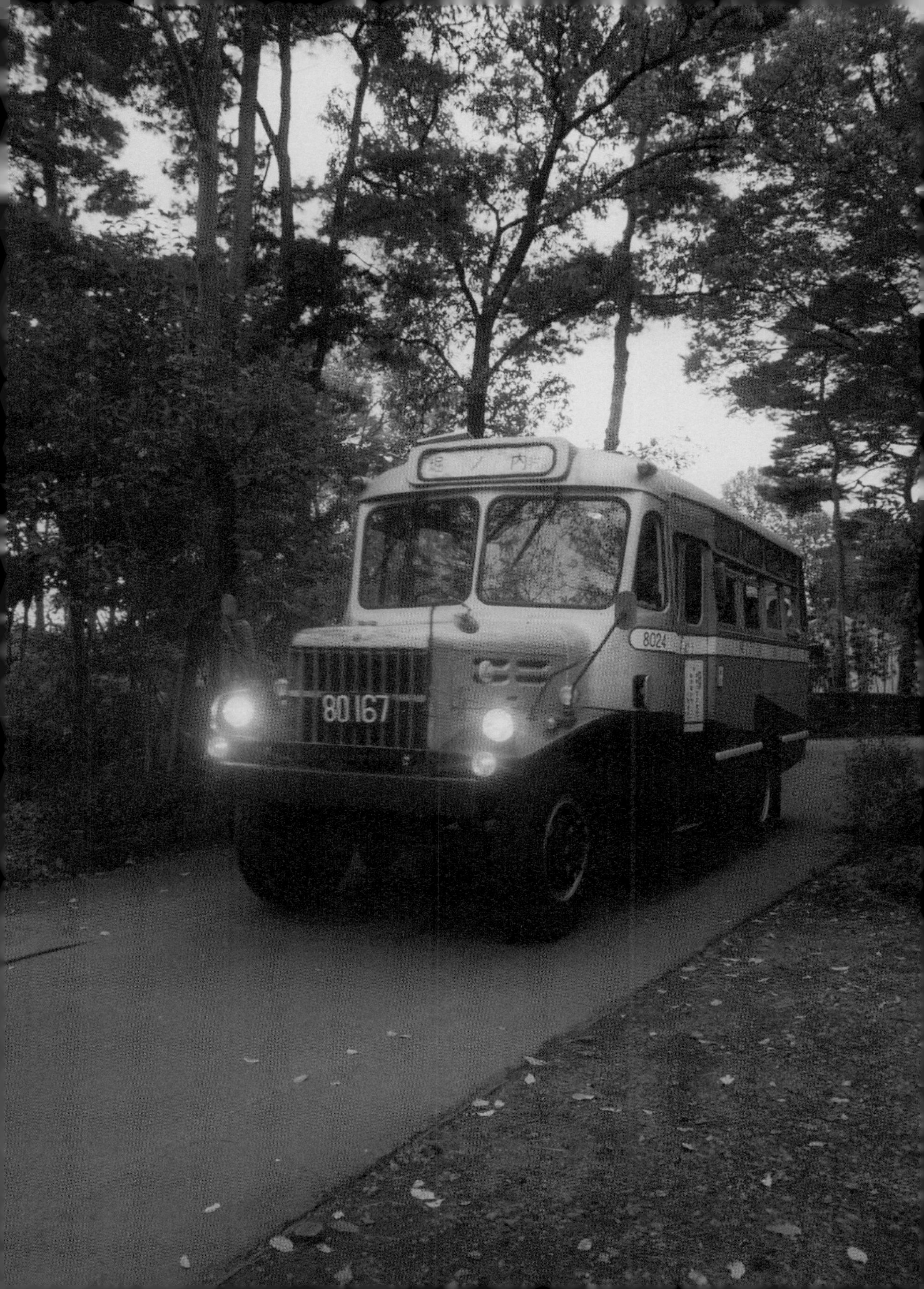
80 167
8024

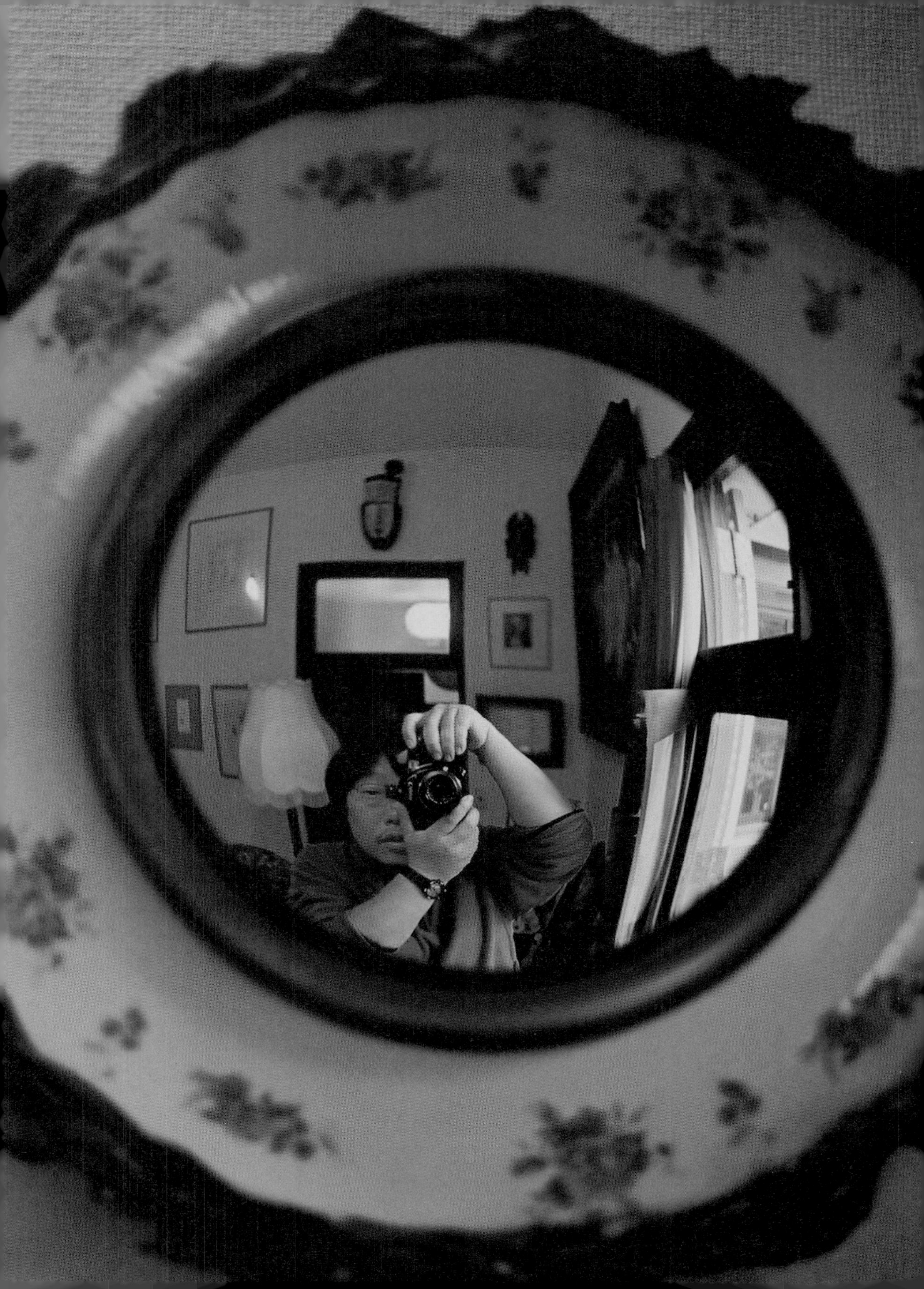

Profile
石塚公昭 Kimiaki Ishizuka

1957	東京に生れる
1977	東京クラフトデザイン研究所陶磁器科卒
1977〜79	岐阜県瑞浪市　茨城県高萩市にて製陶業に従事
1980	人形制作を始める
1991	廃れた写真の古典技法、オイルプリントの制作開始
1996	人形の写真撮影を始める
1996	作家・文士シリーズの制作を始める

　　　　★石塚公昭　ウェブサイト　http://www.kimiaki.net

○協力
河本眞壽美
笹川妙子
佐生里佳
鈴木冬根
玉川知花
中村　類
星川理恵子
矢野正博
瀧澤龍子

○STAFF
写真プリント　田村政実（田村写真）

○撮影協力
江戸東京たてもの園
河本
世田谷文学館

★文中エッセイのうち、泉鏡花、江戸川乱歩、谷崎潤一郎、
寺山修司、永井荷風、村山槐多は『タウン誌深川』の連載に加筆したものです。

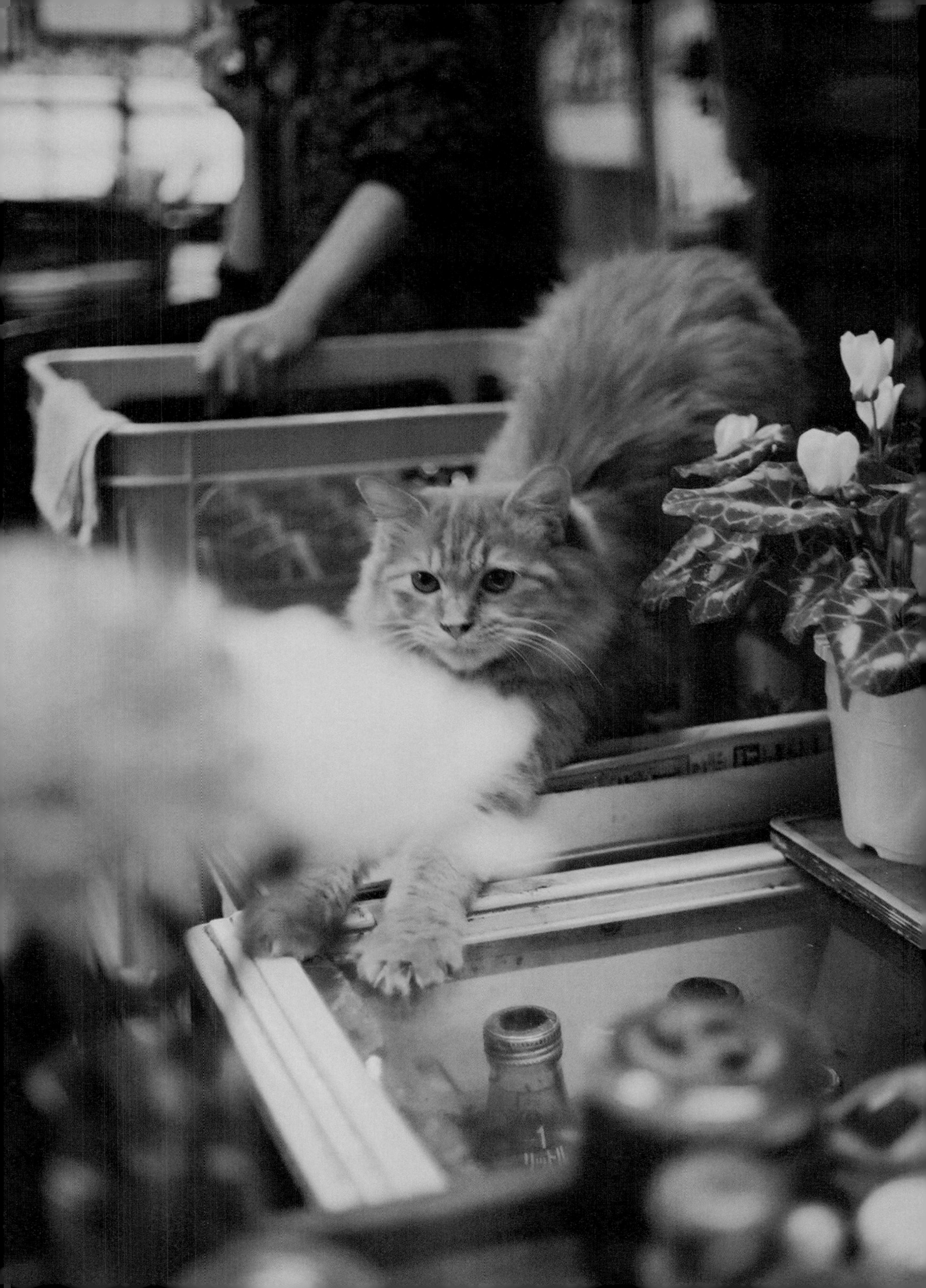

Object Glass 12
オブジェクトグラス

石塚公昭・著

人形・写真・文　　石塚公昭
構成・装幀　　　北村武士

初版　2007年　4月1日　発行

発行者　　高橋　栄
発行所　　風濤社
113-0033　東京都文京区本郷2-3-3
　　　　　　　TEL. 03-3813-3421
　　　　　　　FAX. 03-3813-3422

印刷　吉原印刷株式会社
製本　積信堂

ⓒ futohsha publishing 2007

宮武外骨